教育部职业教育与成人教育司推荐教材
中等职业学校汽车运用与维修专业教学用书

中等职业院校汽车运用与维修专业技能型紧缺人才培养培训教材

Qiche Weixiu Jishu
汽车维修技术

（第二版）

刘振楼　主　编

人民交通出版社股份有限公司
China Communications Press Co.,Ltd.

内 容 提 要

本书是教育部职业教育与成人教育司推荐教材,也是中等职业院校汽车运用与维修专业技能型紧缺人才培养培训教材,依据教育部颁布的《中等职业院校汽车运用与维修专业领域技能型紧缺人才培养培训指导方案》以及交通行业职业技能标准编写而成。本书内容主要包括:汽车维修基本知识、汽车的可靠性及零部件失效分析、汽车零件的修复方法、发动机修理、发动机电子控制系统的检修、离合器的维修、自动变速器的维修、轿车悬架与转向系统的维修、制动系统的检修。

本书可作为中等职业院校汽车运用与维修专业的教学用书,亦可供汽车运用与维修技术人员参考。

图书在版编目(CIP)数据

汽车维修技术/刘振楼主编.—2版.—北京:
人民交通出版社股份有限公司,2017.8
ISBN 978-7-114-14017-4

Ⅰ.①汽… Ⅱ.①刘… Ⅲ.①汽车—车辆修理 Ⅳ.
①U472.4

中国版本图书馆 CIP 数据核字(2017)第 168577 号

书　　名:	汽车维修技术(第二版)
著 作 者:	刘振楼
责任编辑:	时　旭
出版发行:	人民交通出版社股份有限公司
地　　址:	(100011)北京市朝阳区安定门外外馆斜街3号
网　　址:	http://www.ccpress.com.cn
销售电话:	(010)59757973
总 经 销:	人民交通出版社股份有限公司发行部
经　　销:	各地新华书店
印　　刷:	北京市密东印刷有限公司
开　　本:	787×1092　1/16
印　　张:	11.5
字　　数:	273 千
版　　次:	2005 年 10 月　第 1 版 2017 年 8 月　第 2 版
印　　次:	2017 年 8 月　第 2 版　第 1 次印刷　总第 8 次印刷
书　　号:	ISBN 978-7-114-14017-4
定　　价:	27.00 元

(有印刷、装订质量问题的图书由本公司负责调换)

交通职业教育教学指导委员会
汽车运用与维修专业指导委员会

主 任 委 员：魏庆曜

副主任委员：张尔利　汤定国　马伯夷

委　　　员：王凯明　王晋文　刘　锐　刘振楼　刘越琪
　　　　　　许立新　吴宗保　张京伟　李富仓　杨维和
　　　　　　陈文华　陈贞健　周建平　周柄权　金朝勇
　　　　　　唐　好　屠卫星　崔选盟　黄晓敏　彭运均
　　　　　　舒　展　韩　梅　解福泉　詹红红　裴志浩
　　　　　　魏俊强　魏荣庆

秘　　　书：秦兴顺

第二版前言

为深入贯彻《国务院关于加快发展现代职业教育的决定》以及教育部等六部委《关于实施职业院校制造业和现代服务业技能型紧缺人才培养培训工程的通知》精神，积极推进课程改革和教材建设，为中等职业教育教学提供更加丰富和多样化的实用教材，适应经济发展、产业升级和技术进步，满足交通运输业科学发展的需要。人民交通出版社股份有限公司组织全国交通职业院校的专业教师，按照"专业设置与产业企业岗位需求对接、课程内容与职业标准对接、教学过程与生产过程对接，明显提升职业院校毕业生就业质量"的要求，依据教育部颁布的《中等职业院校汽车运用与维修专业领域技能型紧缺人才培养培训指导方案》，对教育部职业教育与成人教育司推荐教材进行了再版修订，供全国中等职业院校汽车运用与维修等专业教学使用。

此次再版修订教材符合国家对技能型紧缺人才培养培训工作的需要，体现了中等职业教育的特色，教材特点如下：

1. "以服务发展为宗旨，以促进就业为导向"，加强文化基础教育，强化技术技能培养，符合高素质中、初级汽车专业实用人才培养的需求；

2. 总结近几年教学改革经验，教材修订符合中等职业院校学生的认知规律，注重知识的实际应用和对学生职业技能的训练，符合中职院校教学与培训的需要；

3. 依据最新国家及行业标准，剔除第一版教材中陈旧过时的内容，反映了新知识、新技术、新工艺。

《汽车维修技术》是汽车运用与维修专业基础课程之一，教材主要内容包括：汽车维修基本知识、汽车的可靠性及零部件失效分析、汽车零件的修复方法、发动机修理、发动机电子控制系统的检修、离合器的维修、自动变速器的维修、轿车悬架与转向系统的维修、制动系统的检修，共计9个单元。河北交通职业技术学院刘振楼担任主编，河北交通职业技术学院多位专业教师参加了编写。具体编写分工为：刘振楼编写单元一、单元二、单元五、单元七，赵雪永编写单元三、单元四、附录，尚晓梅编写单元六，申维新编写单元八、单元九。

限于编者经历和水平，教材内容难以覆盖全国各地中等职业院校的实际情况，希望各学校在选用和推广本系列教材的同时，注重总结教学经验，及时提出修改意见和建议，以便再版修订时改正。

编 者
2017年5月

第一版前言

为深入贯彻《国务院关于大力推进职业教育改革与发展的决定》以及教育部等六部委《关于实施职业院校制造业和现代服务业技能型紧缺人才培养培训工程的通知》精神，全面实施《2003～2007年教育振兴行动计划》中提出的"职业教育与培训创新工程"，积极推进课程改革和教材建设，为职业教育教学和培训提供更加丰富、多样和实用的教材，更好地满足职业教育改革与发展的需要。交通职业教育教学指导委员会汽车运用与维修学科委员会组织全国交通职业院校的专业教师，按照教育部颁布的《中等职业院校汽车运用与维修专业领域技能型紧缺人才培养培训指导方案》的要求，编写了教育部职业教育与成人教育司推荐教材，供中等职业院校汽车运用与维修专业教学使用。

本系列教材符合国家对技能型紧缺人才培养培训工作的要求，注重以就业为导向，以能力为本位，面向市场、面向社会，为经济结构调整和科技进步服务的原则，体现了职业教育的特色，满足了高素质的中、初级汽车专业实用人才培养的需要。

本系列教材在组织编写过程中，认真总结了全国交通职业院校多年来的专业教学经验，注意吸收发达国家先进的职教理念和方法，形成了以下特色：

1. 以《汽车电工与电子基础》《汽车机械基础》《汽车发动机构造与维修》《汽车底盘构造与维修》《汽车电气设备构造与维修》《汽车维修质量检验》六门课程搭建专业基本能力平台，以若干专门化适应各地各校的实际需求；

2. 打破了教材传统的章节体例，以专项能力培养为单元确定知识目标和能力目标，使培养过程实现"知行合一"；

3. 在内容的选择上，注重汽车后市场职业岗位对人才的知识、能力要求，力求与相应的职业资格标准衔接，并较多地反映了新知识、新技术、新工艺、新方法、新材料的内容。

《汽车维修技术》是汽车运用与维修专业领域技能型紧缺人才培养培训专门化方向课程之一。该教材的重点是轿车机修方向，是继《汽车发动机构造与维修》《汽车底盘构造与维修》《汽车电气设备构造与维修》等课程之后的一门核心教材。内容包括：汽车维修基本知识、汽车的可靠性及零部件失效分析、汽车零件的修复方法、发动机修理、发动机电子控制系统的检修、离合器的维修、自动变速器的维修、轿车悬架与转向系统的维修、制动系统的检修，共9个单元。

参加本书编写工作的有：河北交通职业技术学院刘振楼（编写单元一、单元二、单元五、单元七）、河北交通职业技术学院赵雪永（编写单元三、单元四、附录）、河北交通职业技术学院尚晓梅(编写单元六)、河北交通职业技术学院申维新(编写单元八、单元九)。全书由河北交通职业技术学院刘振楼担任主编,北京交通运输职业学院吴玉基、云南交通职业技术学院叶钢担任主审。

  限于编者经历和水平,教材内容难以覆盖全国各地的实际情况,希望各教学单位在积极选用和推广本系列教材的同时,注重总结经验,及时提出修改意见和建议,以便再版修订时改正。

交通职业教育教学指导委员会
汽车运用与维修学科委员会
二〇〇五年三月

目 录

单元一 汽车维修基本知识 ... 1
1. 汽车拆卸与装配的原则及方法 ... 1
2. 汽车装配的基本知识 ... 3
3. 汽车常见拆装工具的使用方法 ... 6
4. 汽车维护基础知识 ... 15
5. 汽车修理工艺过程概述 ... 19
6. 汽车零件的检验分类 ... 21
7. 汽车总成装配的一般技术要求 ... 22

思考与练习 ... 22

单元二 汽车的可靠性及零部件失效分析 ... 24
1. 汽车产品的可靠性及其故障模式 ... 24
2. 汽车零部件失效的概念及分类 ... 26
3. 汽车零部件的各种失效模式、失效机理及防止措施 ... 27

思考与练习 ... 40

单元三 汽车零件的修复方法 ... 42
1. 修复方法的种类 ... 42
2. 机械加工修复法 ... 43
3. 零件变形的校正 ... 45
4. 零件的焊修 ... 46
5. 粘接修复法 ... 52
6. 汽车零件修复方法的选择 ... 53

思考与练习 ... 54

单元四 发动机修理 ... 56
1. 发动机总成大修 ... 56
2. 曲柄连杆机构的修理 ... 58
3. 配气机构的修理 ... 74
4. 冷却系统的修理 ... 77
5. 润滑系统的修理 ... 79

思考与练习 ... 81

单元五 发动机电子控制系统的检修 ... 83
1. 日本系列轿车发动机电子控制系统主要部件的检修 ... 84
2. 德国系列轿车发动机电子控制系统主要部件的检修 ... 91
3. 美国系列轿车发动机电子控制系统主要部件的检修 ... 102

思考与练习 ... 106

单元六　离合器的维修 … 108
1. 离合器的拆卸与维修 … 108
2. 离合器的装配与调整 … 115
3. 离合器常见故障的诊断与排除 … 117
   思考与练习 … 118

单元七　自动变速器的维修 … 121
1. 自动变速器的测试 … 121
2. 自动变速器的拆装 … 124
3. 变矩器及油泵的检修 … 131
4. 离合器及行星齿轮机构的检修 … 132
5. 油路控制阀的检修 … 137
   思考与练习 … 142

单元八　轿车悬架与转向系统的维修 … 144
1. 轿车悬架装置的检查与调整 … 144
2. 动力转向装置的修理 … 149
3. 车轮定位的检查和调整 … 153
   思考与练习 … 156

单元九　制动系统的检修 … 158
1. 车轮制动器的检修 … 158
2. 制动装置的检修 … 160
3. ABS/ASR 的检修 … 163
   思考与练习 … 166

附录一　丰田卡罗拉 1ZR-FE 发动机机械部分维修数据 … 168

附录二　上海大众朗逸发动机机械部分维修数据 … 173

参考文献 … 175

单元一　汽车维修基本知识

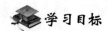学习目标

知识目标
1. 正确描述汽车拆卸与装配的原则及方法;
2. 正确描述汽车装配的基本知识;
3. 正确描述东风雪铁龙赛纳轿车的维护规范;
4. 正确描述汽车总成装配的一般技术要求。

能力目标
1. 会正确使用汽车常见拆装工具;
2. 会分析汽车维护的类型与维护方式;
3. 会进行汽车修理的作业组织;
4. 会进行汽车零件的检验分类。

1　汽车拆卸与装配的原则及方法

汽车拆卸与装配在整个维修工作中具有重要的地位。实践证明,有了合格的零件,不一定能装配出合格的汽车。由于装配不良,往往使零件之间不能保持正确的位置及配合关系;由于拆卸不当,又会使零件造成不应有的缺陷,甚至损坏零件。这样不仅浪费工时,而且直接影响到维修的质量、成本以及汽车的使用寿命,汽车拆卸与装配在整个汽车维护与修理作业中占有很大的工作量。因此,在努力实现拆卸与装配机械化的基础上,必须正确掌握进行拆装作业的知识和技能。

1.1　零部件基本单元的概念

零件与零件的组成按其功用可分为合件、组合件、部件、总成等基本单元。

(1)零件。它是一种材料或几种材料制成的最基本的单独件,是组成汽车的基本单元。如普通零件可分为标准零件(如普通螺栓、螺母、垫圈、销子等)和专用零件(如曲轴、活塞等)两种。

(2)基础零件。以该零件为基础进行装配,在其上装配有各种组合件与总成,并能保证各零件之间的相互位置关系,这样的零件称为基础零件,如汽缸体、变速器壳体、驱动桥壳、油泵体等。

(3)合件。两个或两个以上的零件装合为一体,但只能起着一个零件的作用,称为合件。如带盖的连杆、成对的滑动轴承等。装配组合件、部件和总成时,从某一个合件开始,这个合件

称为基础合件。如镶有汽缸套的汽缸体等。

（4）组合件。若干零件或合件装配为一体,且各零件之间具有相互运动关系,但尚不具备完整的机构作用,这样的装配单元称为组合件。如活塞连杆组、曲轴飞轮组等。

（5）部件。是由若干个零件、合件、组合件或基础件组成的。部件具有一定的功能和作用。如散热器、排气管等。

（6）总成。总成是由部件、组合件、零件或基础件装配而成的,具有独立功能的机构。其零件之间不仅有相互运动关系,而且能独立、完整地起一定作用。如发动机、变速器、机油泵、分电器等。

无论是合件、组合件、部件或总成的拆卸与装配,都必须严格按照一定的顺序和技术要求进行。

1.2 拆卸与装配的原则及方法

拆卸的目的是为了检查和维修汽车的零部件,以便对需要维修的总成进行维修,或对有缺陷的零件进行修复或更换,使配合关系失常的组合件经过调整达到规定的技术标准。拆卸应遵循以下原则。

1.2.1 熟悉汽车的构造及工作原理

汽车的种类、型号、结构不同,拆卸顺序和使用的工具也随之不同。如果不了解汽车的结构和特点,任意敲击或撬打都会造成零件的变形或损坏。所以,了解汽车的构造和工作原理,是确保正确拆卸的前提。

1.2.2 按需要进行拆卸

零部件经过拆卸,往往产生变形和损坏,特别是紧配合件更是如此。不必要的拆卸不仅会降低汽车的使用寿命,而且会增加维修成本、延长维修工期。因此,应防止盲目的大拆大卸。如果可以通过不解体检测就能判定零部件的技术状况是否符合要求,就尽量不拆卸,以免损坏零部件。

1.2.3 掌握正确的拆卸方法

（1）为了提高拆卸工效,减少零件的损伤和变形,需要使用相应的专用工具和设备,严禁任意敲击和撬打。例如拆卸紧配合件时,应尽量使用压力机和拉拔器;拆卸螺栓连接件时,要选用适当工具,以螺栓紧固力矩的大小优先依次选用套筒扳手、梅花扳手和固定扳手;应避免使用活动扳手和手钳,防止损坏螺母和螺栓的六角边棱,给下次的拆卸带来麻烦。另外应充分利用汽车大修配备的专用拆卸工具。

（2）由外向内按顺序逐级拆卸。一般先拆表面护板、外部线路、管路、附件等,然后按机器→总成→部件→组合件→零件的顺序进行拆卸。

1.2.4 拆卸时要为重新装配做好准备

（1）拆卸时要注意检查校对装配标记。为了保证一些组合件的装配关系,在拆卸时应对原有的记号加以校对和辨认;没有记号或标记不清的应重新检查做好标记。有的组合件是分组选配的配合副,或是在装合后加工的不可互换的组合件。如轴承盖与连杆盖、气门与气门座圈等,它都是与相应组合件一起加工的,均为不可互换的组件,必须做好装配标记,否则将破坏它们的装配关系、工作性能或动平衡等。

(2)零件要分类按顺序摆放。为了便于清洗、检查和装配,零件应按不同的要求分类顺序摆放。否则,零件任意堆放在一起,不仅容易相互撞伤,而且会在装配时造成错装或找不到零件的麻烦。

为此,应按零件的大小和精度归类分格存放;同一总成、部件的零件应集中在一起放置;不可互换的零件应成对放置;易变形易丢失的零件应专门放在相应的容器里。

1.2.5 螺纹连接件的拆卸

拆卸连接件中最常见的是螺纹连接。一般说来,螺纹连接件的拆卸是比较容易的,但是,如果不重视拆卸方法,就会造成零件的损伤。

(1)螺纹连接件的拆卸方法。采用合适的套筒扳手或固定扳手(根据螺栓紧固力矩的大小,依次选用套筒扳手、梅花扳手和开口扳手)。当拆卸有困难时,应分析难拆的原因,不能蛮干。不应任意加长扳手以增大拆卸力矩,否则会造成连接件的损坏或拧断螺栓。双头螺栓的拆卸要用专用的拆卸工具;在缺乏专用工具时,也可以在双头螺栓的一端拧上一对螺母,互相锁紧,然后用扳手把它连同螺栓一起旋下。

(2)锈死螺栓的拆卸。拆卸锈死螺栓可用下列方法:先将螺栓拧紧1/4圈左右再退回,反复松紧,逐渐拧出;用锤子振击螺母,借以振碎锈层,以便拧出;使锈层在煤油中浸泡20~30min,让煤油渗到锈层中去,使锈层变松,以便拧出;用喷灯加热螺母,使其膨胀,趁螺栓尚未热时,迅速拧出。有条件时可以使用除锈剂。

(3)断头螺栓的拆卸。原则上是在断头螺栓上加工出一个能承受力矩的部位,然后拧出;如断头露在外面,可将其凸出部分锉成一个方形,用扳手拧出;如断头在螺栓孔内,可在螺栓端面钻出一个小孔,然后用反扣丝锥将其旋出,或者在小孔内楔入一个多棱体,然后将其拧出;如断头与零件平齐,可在断头口焊上一个螺母,然后将其拧出。

(4)螺栓组与螺母组的拆卸。由多个螺栓或螺母连接的零件在拆卸时应注意以下事项:

①为了防止受力不均匀而造成零件变形、损坏,应首先将每一个螺栓或螺母拧松1/2~1圈,并尽量上下、左右对称拆卸。

②应先拆下难拆的螺栓或螺母,否则会由于微量变形的产生和零件位置的移动而使其变得更加难拆。

③对于拆卸后会因受重力而下落的零件,应使其最后拆下来的螺纹连接件既能拆卸方便,又能保持平衡的能力。

2 汽车装配的基本知识

将零件按照一定的顺序和要求相互连接组成部件、总成和整车的过程称为汽车的装配。

2.1 装配的基本知识

2.1.1 装配的基本概念

汽车是一台很复杂的机器,通常由数千个零件组成。零件与零件的组成按其功用可分为合件、组合件、部件、总成等装配单元。这些装配单元各自具备一定的作用,它们之间具有一定的配合关系。装配就是将所有这些装配单元按照一定的技术要求与顺序组合起来,构成一台完整的汽车。

2.1.2 零件连接的种类

零件连接分为固定连接和活动连接两种。活动连接又分为可拆的(如轴与轴承、齿轮副、柱塞副等)和不可拆的(如滚动轴承、止回阀等)两种。

2.1.3 装配方法

一辆汽车能否可靠的运行,保证良好的动力性和经济性,在很大程度上取决于最终的装配质量。为此必须保证装配精度,即要求保证配合件的配合精度、位置精度及其正确的连接关系。为了保证配合精度,装配工作必须严格按照修理技术标准规定的公差范围进行配合。为此常采用以下几种方法:

(1)选配法。在汽车修理中,一些配合件的精度要求很高,当某些配合件的加工精度不能满足互换性要求时,必须进行选配。如汽缸与活塞、活塞环与环槽等。其他配合也尽可能选配,使其具有较好的装配质量。除了配合间隙选配外,对于活塞连杆组还要进行质量选配,防止由于各组(缸)活塞连杆质量的不相等,引起发动机工作不平衡及不正常振动。

(2)修配法。这是在装配前进行的某种机械加工。如铰削、刮削、研磨等,加工后的零件能够达到符合技术标准配合的精度。如连杆衬套和活塞销孔的铰削、气门与气门座、汽缸盖下平面的研磨等。

(3)调整法。利用调整垫片、调整螺钉等方法进行调整,以达到所规定的配合间隙要求。这种方法在汽车修理中比较常见。如圆锥滚动轴承的间隙调整、驱动桥锥形齿轮啮合位置和啮合间隙的调整、气门间隙的调整等。

2.2 装配过程

一个完整的装配过程包括装配前的准备、装配及装配后的调整试验3个阶段。

2.2.1 装配前的准备

(1)装前准备。这是检查零件质量的最后一关。对于经过修理和更换的所有零件,在装配前都要进行认真的质量检查,以防止不合格的零件进入装配过程。这是保证装配质量的重要环节。

(2)清洁工作。零件装配前都要进行仔细的清洗,防止油污、尘粒、金属进入相对运动件之间,以免破坏配合关系加速磨损。除指定清洗外,一般使用干净的柴油或汽油进行清洗,然后用压缩空气吹干。

(3)配合零件的选配。配合零件必须满足一定的配合要求,包括间隙配合、过渡配合及过盈配合,这就是装配前要做好的选配工作,以保证零件装配的正确性。

2.2.2 装配

按一定的顺序和技术要求进行零部件的组合,以保证它们之间的正确装配关系。

2.2.3 装配后的试验调整

无论是部件、总成或是整台车辆,装配后都应进行试验。其目的是:

（1）检查装配是否符合要求。对装配后的部件、总成试验或对整车进行整体性能试验和运转试验，是检验其装配质量的重要内容。通过试验，可以发现是否存在卡滞、异响、过热、渗油等现象，并检测其工作能力和性能等指标是否符合要求。

（2）试运转中进行调整。在汽车装配中，某些项目要通过运转试验才能完成最后的调整。例如，制动、转向等机构必须在路试中进行调整；燃油泵、调速器、喷油器在装车前必须在试验台上进行测试调整等。

2.3　安全操作规程

（1）发动机拆卸前必须放出冷却液、机油，释放燃油压力。

（2）发动机的拆卸必须在完全冷却的状态下进行，以免机件变形。

（3）发动机起吊时必须连接牢固，以确保起吊安全性。

（4）使用千斤顶等举升机具时，必须确保支撑点的正确无误，并使支撑稳固可靠，否则不能进入车下进行操作。

（5）吊装发动机等总成时，必须由专人负责指挥，操作过程中不可将手脚伸入易被挤压部位，以免发生危险。

（6）汽车总成解体时，应使用专用工、机具按照分解顺序进行；对较难拆卸的零件，必须采用合理有效的方法，不能违反操作规程。

（7）对于螺纹连接件的拆卸，应选用合适的专用工具、套筒扳手、梅花扳手或开口扳手，不可使用活动扳手或手钳，以免损伤螺母或螺栓头的棱角。

（8）对重要件的拆卸，首先要熟悉其结构，并按照合理的工艺规程进行。

（9）拆卸蓄电池接线柱引线时，应拉动接头本体，以免损坏引线。

（10）在任何零件的加工面上锤击时，都必须垫以软金属或垫棒，不可用锤子直接敲打。

（11）所有零件在组装前必须经过彻底清洗并用压缩空气吹干，经检验确认合格后方可装配。

（12）凡是螺栓、螺母所使用的平垫圈、弹簧垫圈、锁止垫圈、开口销、垫片及其他金属索线等，必须按照规定装配齐全；主要螺栓的螺纹紧固后，螺栓端部应伸出螺母1~3扣；一般螺栓允许螺纹不低于螺母上平面，在不妨碍使用的情况下，也可高出螺母。

（13）对于螺栓、螺柱，如有变形即不可再用，如螺纹断扣、滑牙不可修复时，都应更换。一次性螺栓拆卸后不可再用。

（14）使用手电钻、台钻、砂轮机、空气压缩机等机具时，必须严格遵守有关安全操作规程，防止发生事故。

（15）装配时，应注意以下几个方面：

①必须明确配合性质和要求，掌握配合的技术标准。对过盈配合和间隙配合的零件，应严格按照规定的装配工艺进行装合；如冷压、热装、预润滑等工艺要求。

②严格按照规定的拧紧力矩和拧紧顺序进行螺纹连接件的紧固。例如连杆螺栓、主轴承螺栓、缸盖螺栓等重要螺栓以及生产厂对全车各个螺纹连接件都有规定的拧紧力矩，螺栓组必须分次交叉均匀拧紧。缸盖螺栓应从中央到四周按对角线分次交叉均匀拧紧等。

③止动零件应牢固可靠。螺栓、螺母、锁片、开口销、锁丝等凡是一次性使用的零件，不能

重复使用。锁片的制动爪和倒边应分别插入轴槽和贴近螺母边缘;弹簧垫圈的内径要与螺栓直径相符,张距近似为垫片厚度的两倍;对于成对成组的固定螺栓可在螺栓头上的每一个面钻上通孔,当拧紧后,用钢丝穿过螺栓头上的孔,使其互相连锁。

④密封部分应防止"三漏",即漏油、漏气和漏水。三漏的原因一般是装配工艺不符合要求,或密封件磨损、变形、老化、腐蚀所致。密封的质量往往与密封材料的选用、预紧程度、装配位置有关。凡是一次性使用的密封件,一经拆卸必须更换。

⑤高速往复运动和高速回转运动的主要零件要注意分组质量相等和动平衡,以免造成运行时的剧烈振动。如曲轴的配重不能互换,各缸活塞、活塞连杆组的质量差不能大于允许值等。

⑥对于出厂前已涂有密封、紧固胶的零件,在重新安装时必须除净残胶、油污,涂上所规定的新密封紧固胶加以密封或紧固。

⑦在拆开真空管时,必须在其端头做出位置标签,以保证安装的准确性,在脱开真空软管时,只能拉动软管的端头,不允许拉软管的中部。

⑧在拆卸线束连接器时,只能用手握住连接器拉开,不允许拽动线束。

⑨在拆卸维修转向系统、转向盘上的零部件及线路时,应注意气囊的安全性,防止误爆。

⑩注意防止漏电、失火,会熟练使用灭火器等。

3 汽车常见拆装工具的使用方法

3.1 汽车常用拆装工具

3.1.1 扳手

用于拧紧(或拧松)螺栓和螺母如图 1-1 所示。

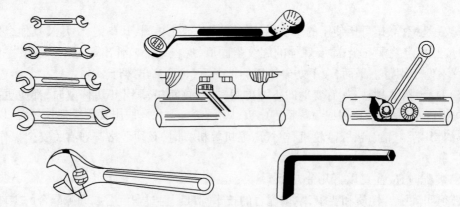

图 1-1 常用扳手的种类及应用

3.1.1.1 开口扳手

(1)多用于拧紧(拧松)标准规格的螺栓或螺母。

(2)可以上、下套入或横向插入,使用方便。

(3)不可用于拧紧力矩较大的螺栓或螺母。

3.1.1.2 梅花扳手
(1)两端是套筒,套筒内孔是由2个正六边形、相互同心错开30°而成。
(2)使用时,扳手扳动30°后,则可更换位置,适于狭窄场合的操作。
(3)使用时,可将螺栓、螺母的头部全部围住,不易脱落,安全可靠。
(4)与开口扳手相比,拧紧(拧松)的力矩较大,但受空间的限制也较大。

3.1.1.3 活动扳手
(1)开口尺寸能在一定范围内任意调节。
(2)限于拆装开口尺寸限度以内的螺栓、螺母,特别对不规则的螺栓、螺母,更能发挥作用。
(3)不可用于拧紧力矩较大的螺栓、螺母,以防损坏扳手传力件。

3.1.1.4 内六角扳手
用于拧紧或拧松内六角螺钉。使用方法:选取合适的内六角扳手,对正后插入内六角孔中加力即可。

3.1.1.5 常用扳手的应用(图1-2)
(1)扳口大小应与螺栓、螺母的头部尺寸一致。
(2)扳口厚的一边应置于受力大的一侧。
(3)扳动时以拉动为好。若必须推动时,为防止伤手,可用手掌松松推动。
(4)活动扳手的扳口大小应调整合适(不松旷)。固定扳口应置于受力大的一侧。

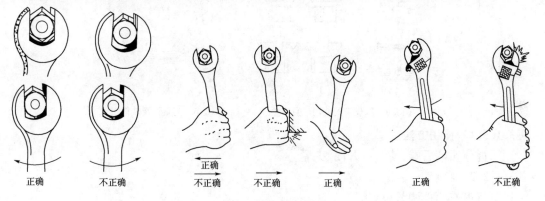

图1-2 扳手的正确使用

(5)内六角扳手的选取应与螺栓内六方孔相适应,不允许使用套筒等加长装置,以免损坏螺栓或扳手。

3.1.2 螺丝刀的使用方法
螺丝刀(俗称:起子、改锥;泛称:旋具)主要有一字螺丝刀和十字螺丝刀,如图1-3所示。
(1)拧紧时,右手握住螺丝刀,手心抵住柄端,螺丝刀与螺钉同轴心,压紧后用手腕顺时针扭转。拧松时用手心轻压螺丝刀,用拇指、中指、食指快速逆时针扭转。
(2)使用长杆螺丝刀,可用左手协助压紧和拧动手柄,使用注意事项如图1-4所示。
①刀口应与螺钉槽口大小、宽窄、长短相适应,刀口不得

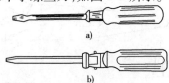

图1-3 一字螺丝刀与十字螺丝刀
a)一字螺丝刀;b)十字螺丝刀

残缺，以免损坏槽口和刀口。

②不准用锤子敲击螺丝刀柄当錾子使用。

③不准用螺丝刀当撬棒使用。

④不可在螺丝刀口端用扳手或钳子增加扭力，以免损伤螺丝刀杆。

3.1.3 鲤鱼钳

用于弯曲小金属材料，夹持扁形或圆形小工件，切断金属丝，如图1-5所示。

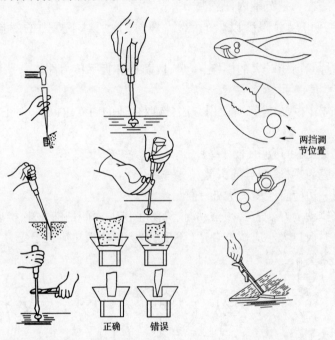

图1-4 螺丝刀的使用注意事项　　图1-5 鲤鱼钳及其使用

3.1.3.1 使用方法

用手握住钳柄后端，使钳口开闭、夹紧。

3.1.3.2 特点

钳口宽度有两档调节位置。

3.1.3.3 使用注意事项

(1) 不可用钳子代替扳手来拧紧或拧松螺栓、螺母，以免损坏螺栓、螺母头部棱角。

(2) 不可用钳子柄当撬棒使用，以免使之弯曲、折断或损坏。

3.1.4 尖嘴钳、弯嘴钳

用于夹持卡簧、锁销等圆形或圆柱形小件，如图1-6所示。

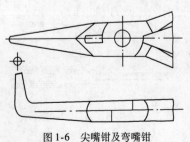

图1-6 尖嘴钳及弯嘴钳

3.1.4.1 使用方法

用手握住钳柄后端，使钳口开闭、夹紧。

3.1.4.2 使用注意事项

(1) 不可用力太大，否则钳口头部会变形、销轴会松动。

(2)不可用钳子柄当撬棒使用,以免使之弯曲、折断或损坏。

(3)不可用钳子代替扳手来拧紧或拧松螺栓、螺母,以免损坏螺栓、螺母头部棱角。

3.1.5 锤子

用于敲击工件,使工件变形、位移、振动,并可用于工件的校正、整形,如图1-7所示。

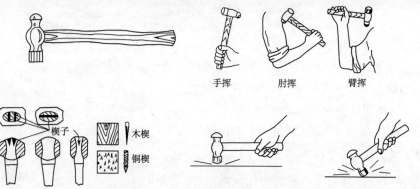

图1-7 锤子及其正确使用

3.1.5.1 使用方法

(1)敲击时,右手握住锤柄后端约10mm处,握力适度,眼睛注视工件。

(2)挥锤方法有3种:手挥、肘挥和臂挥。

3.1.5.2 使用注意事项

(1)手柄应安装牢固,用楔塞牢,防止锤头飞出伤人。

(2)锤头应平整地击打在工件上,不得歪斜,防止破坏工件表面形状。

(3)拆卸零部件时,禁止直接锤击重要表面或易损部位,以防出现表面破坏或损伤。

3.1.6 铜棒

用于敲击不允许直接锤击的工件表面,不得用力太大。使用方法:使用时一般和锤子共用,一手握住铜棒,将其一端置于工件表面,一手用锤子锤击铜棒另一端。

使用注意事项:不可代替锤子或当撬棍使用。

3.1.7 撬棍

用于撬动旋转件或撬开结合面,也可用于工件的整形。

3.1.7.1 使用方法

将其稳定地支撑于某一位置,加力使之旋转或撬起。

3.1.7.2 使用注意事项

(1)不可代替铜棒使用;

(2)不可用于软质结合面。

3.2 汽车专用拆装工具

指用途单一的特殊工具,选用时必须与零件相适应。

3.2.1 套筒

用于拧紧或拧松力矩较大的或头部制成特殊形状的螺栓、螺母,如图1-8所示。

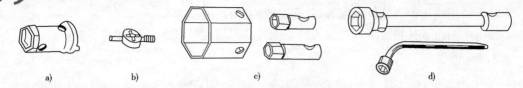

图 1-8 套筒扳手

a)叉形凸缘及转向螺母套筒扳手;b)气门芯扳手;c)专用套筒扳手;d)轮胎螺母套筒扳手

3.2.1.1 使用方法

(1)根据作业空间、扭力要求的不同选用接杆及合适的套筒头进行作业。

(2)使用时左手扶住连接处,右手握住手柄加力。

3.2.1.2 使用注意事项

套筒头的选用必须与螺栓、螺母头部的形状与尺寸相适合。一般不允许使用外接加力装置。

3.2.2 扭力扳手(公斤扳手)

用于拧紧或拧松有力矩要求的螺栓或螺母,如图1-9所示。

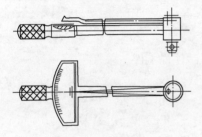

图1-9 扭力扳手

3.2.2.1 使用方法

与套筒头配合使用,左手握住与套筒头连接处,右手握住手柄加力。

3.2.2.2 使用注意事项

使用时不允许外接加力装置。

3.2.3 板牙、板牙架

板牙用于加工外螺纹,板牙架用于装夹板牙,如图1-10所示。

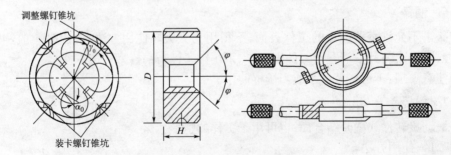

图1-10 板牙、板牙架

3.2.3.1 使用方法

将板牙放于合适的板牙架中,旋紧锁紧螺钉;将板牙垂直对中套于螺杆端部,用双手握住板牙架,沿某一方向保持垂直往复均匀用力旋转即可。

3.2.3.2 使用注意事项

必须按照被加工的螺杆外径与螺距选用相应的板牙及板牙架,并按照套铰螺纹工艺进行操作,才能加工出合适的螺纹。

3.2.4 丝锥、铰杠

丝锥用于工件内螺纹的加工,铰杠用于夹持丝锥,如图1-11所示。

单元一 汽车维修基本知识

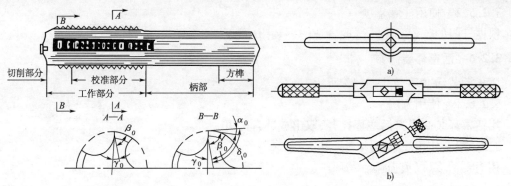

图 1-11 丝锥、铰杠

3.2.4.1 使用方法

将丝锥夹于铰杠中;将丝锥垂直对中置于待加工孔端,双手握住铰杠,沿某一方向均匀用力,保持垂直、平稳地旋转即可。

3.2.4.2 使用注意事项

(1)不可用钳子代替铰杠工作,以免损坏待加工表面。对于操作空间狭小的孔位,可用相适应的扳手夹持丝锥进行操作。

(2)铰杠的选用,应按丝锥夹持部位的尺寸合理选择。

(3)丝锥的选用一定要符合要求,丝锥有头锥和二锥之分,选用时要注意。

3.2.5 气门弹簧装卸钳

用于拆装气门弹簧,如图 1-12 所示。

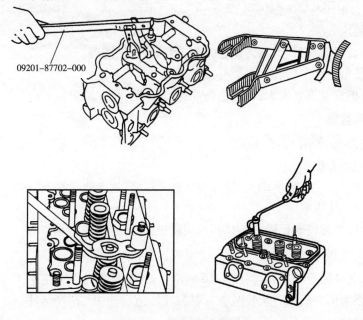

图 1-12 气门弹簧装卸钳

3.2.5.1 使用方法

根据需要将装卸钳放于合适位置,用力即可。

3.2.5.2 使用注意事项

根据气门的位置和形式选取合适的拆装钳(顶置式、侧置式、液力挺杆式)。

3.2.6 活塞环装卸钳

用于拆装活塞环,如图1-13所示。

3.2.6.1 使用方法

用活塞环装卸钳将活塞环撑开,取出或装合即可。

3.2.6.2 使用注意事项

用力要适度,以免损坏活塞环。

3.2.7 油封取出器

用于油封的取出,如图1-14所示。

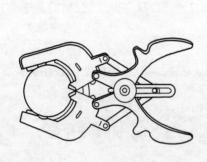

图1-13 活塞环装卸钳　　图1-14 油封取出器

3.2.7.1 使用方法

将油封取出器置于油封中,旋转使之张开,将油封拉出即可。

3.2.7.2 使用注意事项

用力或张开的程度不宜太大,以免损伤油封。

3.2.8 轴承拉器

用于轴承的取出,如图1-15所示。

3.2.8.1 使用方法

将轴承拉器张开,置于轴承端头,使拉器将轴承抓紧,逐渐收紧拉器,将轴承取出即可。

3.2.8.2 使用注意事项

拉器放置及拉紧部位要正确,用力均匀,缓慢拉出,防止损坏轴承。

3.2.9 火花塞套筒

用于拆装火花塞的专用工具,如图1-16所示。使用方法:对正火花塞孔,并与火花塞六角螺套套接牢靠,逐渐用力旋转。旋转时不可歪斜,以防滑脱伤手、损坏部件。

3.2.10 千斤顶

用于顶起重物,如图1-17所示。

3.2.10.1 使用方法(以液压千斤顶为例)

单元一　汽车维修基本知识

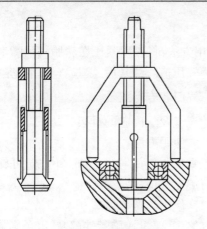
图 1-15　轴承拉器

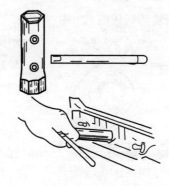
图 1-16　火花塞套筒

首先拧紧油压开关,将千斤顶垂直置于顶起部位,拧动承重螺杆,顶面接近重物后,缓慢压动手柄,逐渐顶起重物。落下时应缓慢放松油压(泄油)开关,使重物缓慢落下。

3.2.10.2　使用注意事项

(1) 应用三角垫木将不顶起的轮胎前后端塞住,以免溜车。

(2) 在松软的地面上顶车,应在千斤顶底座下加垫木板,防止下陷。

(3) 千斤顶顶部应加垫木或胶质件,以免溜滑。

3.2.11　润滑脂枪

用于对汽车上装有润滑脂嘴的机件加注润滑脂,如图 1-18 所示。使用方法:反复拉压枪柄,即有润滑脂挤进润滑脂嘴部位,直至有新的润滑脂从缝隙中挤出为止。

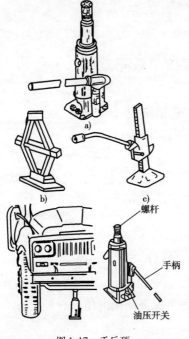
图 1-17　千斤顶
a)液压千斤顶；b)螺纹千斤顶；c)齿条千斤顶

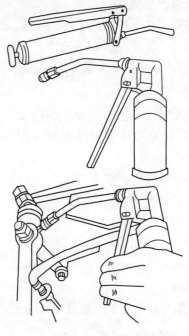
图 1-18　润滑脂枪

3.2.12 轮胎气压表

用于测量轮胎气压值,如图 1-19 所示。使用方法:将表嘴紧压在轮胎气门嘴上,指针或标杆所示值即为气压值。测量后,要检查气门芯是否漏气。

3.2.13 气门芯专用工具

用于轮胎充气及气门芯的拆装。

3.2.13.1 使用方法

将专用工具插入气门芯中,逆时针方向可旋松气门芯,顺时针方向可旋紧气门芯。

3.2.13.2 使用注意事项

轮胎充气终了,要迅速旋紧气门芯,以免影响轮胎气压。

3.2.14 管钳

用于拧紧、拧松管状或不易拧动的工件。

3.2.14.1 使用方法

将管钳钳口放至合适开度,将工件夹紧于开口中,用力旋紧或旋松即可。

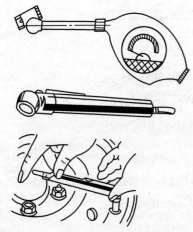

图 1-19 轮胎气压表

3.2.14.2 使用注意事项

用力前一定要使工件夹紧,并且位于钳口中部。

3.2.15 手虎钳

用于夹紧工件。

3.2.15.1 使用方法

将零件夹持在手虎钳口中,将手柄旋紧即可。

3.2.15.2 使用注意事项

使用时,必须将零件夹紧牢靠,对于易损表面应垫以软质垫片。

3.2.16 刮刀

用于刮削平面或曲面表面上的凸起,去除刀痕、锈斑或过多的余量,恢复工件的表面形状及配合精度,如图 1-20 所示。

3.2.16.1 使用方法

根据工件的要求选用合适的刮刀后,按照刮削工艺要求进行作业,粗刮或细刮。

3.2.16.2 使用注意事项

(1)按照工件表面形状及精度要求选用合适的刮刀,否则将造成废品。

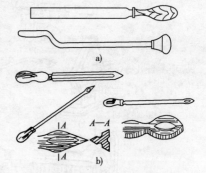

图 1-20 平面刮刀和曲面刮刀
a)平面刮刀;b)曲面刮刀

(2)刮削过程中必须严格遵守刮削工艺规范方可保证刮削的质量。

3.2.17 样冲

用于制作零部件上的装配标记,或用于钳工钣金工作业中的划线、钻孔等作业。

3.2.17.1 使用方法
选取应打上标记的相应位置,用锤子锤击样冲打出标记即可,如图 1-21 所示。
3.2.17.2 使用注意事项
根据需要确定样冲眼的深浅和数目。

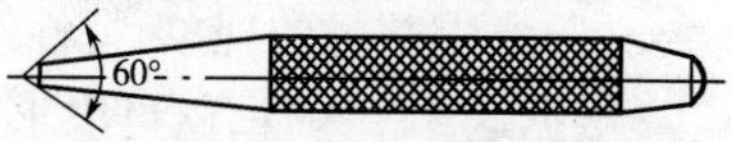

3.2.18 钢字头
用于制作零件的装配标记或顺序编码。

图 1-21 样冲

3.2.18.1 使用方法
将选好的钢字头字面朝向零件表面,用锤子锤击钢字头另一端即可。
3.2.18.2 使用注意事项
在需要制作字码标记明显、平整部位的表面,冲击出清晰字样。

4 汽车维护基础知识

汽车是一种价值较高的机械产品,在长期的使用过程中,由于技术状况的变化,不可避免地要发生故障和损坏。汽车维护的基本任务就是采用相应的技术措施预防故障的发生,避免损坏;汽车修理的基本任务就是消除故障和损坏,恢复车辆的工作能力和完好状况。

4.1 汽车维护的类型与方式

按维护的性质分类,汽车维护可分为预防维护和非预防维护。

预防维护是指维护作业的内容和时机是按预先规定的计划执行的,其目的是为了预防故障,维持汽车的工作能力。预防维护又分为例行维护和计划维护。例行维护的时机和内容与汽车的行驶里程无关,如日常维护、停驶维护和换季维护等。计划维护的时机和内容是与汽车的行驶里程有关的,如一级维护、二级维护等。如果维护作业是按计划强制执行的则称为定期维护;如果维护作业是根据定期检查的结果按需执行的则称为按需维护。

非预防维护通常是在汽车出现故障后进行的,它适用于突发性故障,因为这类故障的出现具有很大的随机性,在故障出现前是很难预测的,因而无法预先安排维护计划。

汽车的维护方式是维护类型、维护时机和维护内容的综合体现,通常可分为定期、按需和事后 3 种形式。

4.1.1 定期维护

定期维护是预防维护的一种,它根据技术状况的变化规律及故障统计分析,规定出相应的维护周期,每隔一定的时间(或里程)对汽车进行一次规定作业内容的维护。

定期维护可使维护工作在有准备的情况下进行,便于组织安排,并能保证维护质量。但汽车是一个复杂系统,由于各部件工作条件不一,初始技术状况也不一致,因而其寿命长短不一。若均按规定周期进行维护,必然会使一些部件的寿命不能得到充分的发挥。

4.1.2 按需维护

按需维护也是预防维护的一种。它以故障机理分析为基础,通过诊断或检测设备,定期或连续地对汽车技术状况进行诊断或检查,根据检查结果组织维护工作。按需维护必须做到:

(1)掌握汽车技术状况变化的规律。
(2)掌握技术状况参数的极限值。
(3)掌握故障的现象、特性及对汽车工作能力的影响。

根据这3个条件,就可以求出汽车的无故障续驶里程 L_T,当 $L_T > L$(检测周期)时,本次可以不维护;否则,本次应进行维护。

由于按需维护是在发现故障征兆时才进行的,因此它既能提高汽车的有效度,又能发挥汽车零部件的寿命潜力,是一种比较理想的维护方式。

4.2 汽车维修制度简介

维修制度与国家的社会经济条件以及车辆状况有着密切的联系,现分别介绍如下。

4.2.1 中国的维修制度

中国现行的维修制度,属于计划预防维修制度,规定车辆维修必须贯彻预防为主、定期检测、强制维护、视情修理的原则。

规定车辆的维护作业内容为:清洁、检查、补给、润滑、紧固、调整等,除主要总成发生故障必须解体时,不得随意对车辆进行解体。并将维护分为三级,分别为:日常维护、一级维护和二级维护。

日常维护属日常性作业,由驾驶人负责执行,其作业中心内容是:清洁、补给和安全检视。

一级维护属于定期强制性维护作业,由专业修理工负责执行,其作业中心内容除日常维护作业外,以清洁、润滑、紧固为主,并检查有关制动、操纵等安全部件。

二级维护属于定期强制性维护作业,由专业修理工负责执行,其作业中心内容除一级维护作业外,以检查、调整为中心,并拆检轮胎,进行轮胎换位。同时车辆二级维护前应进行检测诊断和技术评定,根据结果,确定附加作业或小修项目,结合二级维护一并进行。

同时,各汽车厂家根据国家的维修制度,结合本厂车型的具体情况,也分别制定了各自的维护制度,可参见各厂家车型说明书。

现将一般轿车的维护规范说明如下。

4.2.1.1 轿车维护的分类

(1)新车行驶2000~7500km时,需进行首次维护。

(2)年行驶里程高于10000km的车辆,按定期维护项目表规定的里程周期所对应的内容进行维护。

(3)年行驶里程低于10000km的车辆,按定期维护项目表规定的与之最接近的时间周期所对应的内容进行维护;对于发动机机油和机油滤清器,一年至少应更换1次。

(4)日常性维护,每次出长途前、每个月、在两次维护间隔之间或每行驶2000km,由驾驶员自行检查:发动机机油、冷却液、制动液、动力转向液、蓄电池电解液等液面高度、轮胎气压及状况。

注意:汽车的各种油液更换的周期长短,与油液的种类、级别、品牌和汽车的使用环境条件有关。

4.2.1.2 轿车的首次维护

首次维护也是磨合维护,即在车辆的磨合期完成后进行的第一次维护。进行首次维护对车辆具有非常重要的意义,而且也是取得车辆质量担保的必要条件之一。

首次维护的主要内容有：
（1）更换发动机机油。
（2）检查发动机、变速器和差速器有无渗漏。
（3）自诊断检查 ECU 内存。
（4）检查下列液面高度和密封状况：
①冷却液；
②制动液；
③风窗玻璃清洗液；
④动力转向液。
（5）检查下列部件状况：
①蓄电池电解液液面高度及存电量。
②三角臂及球头，连接杆球头，三角臂弹性连接及球头。
③传动轴防尘套。
④转向机构，转向球头。
⑤前、后减振器及其他悬架部件。
⑥轮胎气压。

4.2.1.3　北京现代汽车定期维护项目和周期

北京现代汽车定期维护项目和周期，见表1-1。

4.2.1.4　大众朗逸汽车定期维护项目和周期

大众朗逸汽车定期维护项目和周期，见表1-2。

北京现代汽车定期维护项目和周期表　　　　表1-1

维护项目	使用级别及配件	维护方法	维护周期	驾驶环境
发动机机油	SG级以上及黏度级别	更换	5000km	城市工况
机油滤清器	原厂配件	更换	5000km	城市工况
空气滤清器	原厂配件	更换	1万km	城市工况
燃油滤清器	原厂配件	更换	2万~4万km	燃油质量
空调空气滤清器	原厂配件	更换	2万km	风沙天气提前
节气门体、怠速电动机	正常维护	清洗维护	1.5万km	城市工况
免拆清洗喷油器	原厂配件	清洗维护	2万~3万km	城市工况
试验台检测清洗喷油器	原厂配件（滤网、密封圈必换）	检测、清洗维护	6万km	城市工况
发动机外部皮带	原厂配件	检查视情更换	3万~4万km	城市工况
发动机正时皮带	原厂配件	更换	8万~10万km	城市工况
发动机正时涨紧器	原厂配件	更换	8万km	城市工况
普通火花塞	原厂配件	更换	4万km	城市工况
点火高压线	原厂配件	检查视情更换	2万~4万km	城市工况
燃油软管及接头	原厂配件	检查视情更换	1.5万km	城市工况
气门间隙	原厂配件	检查调整	10万km	城市工况

续上表

维护项目	使用级别及配件	维护方法	维护周期	驾驶环境
PCV 阀和软管	原厂配件	更换	4 万 km	城市工况
空调蒸发器及密封件	原厂配件	5000km 检查	8 万 km 更换	城市工况
发动机冷却液	铝基乙二醇	更换	4 万 km	城市工况
手动变速器油	SAE75W-90	更换	10 万 km	城市工况
自动变速器 ATF 油	ATF SP-Ⅱ	更换	4 万 km	城市工况

大众朗逸汽车定期维护项目和周期表　　　表 1-2

行驶里程(km)	机油	机油滤清器	空气滤清器	空调滤清器	汽油滤清器	制动液	变速器油	火花塞
5000	●	●	—	—	—	—	—	—
1万	●	●	—	—	—	—	—	—
2万	●	●	●	—	—	—	—	●
3万	●	●	—	●	●	—	—	—
4万	●	●	●	—	—	—	—	—
5万	●	●	—	—	—	—	—	—
6万	●	●	●	●	●	●	●	—
7万	●	●	—	—	—	—	—	—
8万	●	●	●	—	—	—	—	—
9万	●	●	—	●	●	—	—	—
10万	●	●	●	—	—	—	—	●

4.2.2　国外的汽车维修制度

美国的汽车维修制度亦采用计划预防维修制度。它将维修工作分为五级,其中维护工作分为 A、B、C 三级,相当于例行、一级、二级维护;修理分为 D、E 两级。美国军队和大型运输企业均采用这种制度。其维修间隔里程较长,例如 C 级维护周期为 20000km 以上。

日本的维修制度大体和美国的相同,规定汽车出车前必须进行例行维护,营运汽车每隔 1 个月、3 个月和 12 个月,必须按各个机构和装置的维修部位分别实施内容不同的预防性维护。它类似于三级维护制度。对于其他自用汽车,也规定每隔 6 个月和 12 个月分别实施内容不同的预防性维护。1983 年 7 月日本开始实施《道路运输车辆法》,其中规定:个人用车在新车检验后第 3 年进行第 1 次检验,随后,每隔两年检验 1 次;营运车(出租车)、公共汽车和载货汽车每年检验 1 次。另外,汽车生产厂家建议,用户在买车 1 个月(或 1000km)、3 个月、6 个月、1 年后各检验 1 次,这不属于国家规定,用户可自行掌握。国家规定的检验,必须在各地区专门设立的认证工厂或车检中心进行。另外,还规定个人用车超过 10 年车龄后必须每年检验 1 次。

4.3　汽车维护作业分类

汽车维护按作业性质分为:打扫、清洗、外表养护作业,检查与紧固作业,检验和调整作业,电气作业和加注作业等。

4.3.1 打扫、清洗、外表养护作业

包括清除汽车外表的污泥,打扫清洗和擦试车厢、驾驶室、车身的内外表面和各类附件。

4.3.2 检查与紧固作业

包括检查汽车各总成和机件的外表;检查各机件外表连接螺栓的紧度,必要时进行紧固;更换个别丢失和损坏的螺钉、螺栓、锁止销和润滑油嘴等零件。

4.3.3 检验和调整作业

包括检验汽车各机构、仪表和总成的技术状况,必要时按技术要求和使用条件进行调整。

4.3.4 电气作业

包括清洁、检查和调整电气设备和仪表,润滑其运动机构,配换个别已损坏和不适用的零件及导线;检查和维护蓄电池。

4.3.5 润滑作业

包括清洗发动机润滑系统和机油滤清器,添加和更换润滑油,更换滤芯,对传动系统、操纵系统和行走机构各润滑点加注润滑油或润滑脂,添加或更换制动液。

4.3.6 轮胎作业

包括检查轮胎气压、充气,检查外胎状况及清除胎面嵌入物,进行轮胎换位及更换内外胎。

4.3.7 加注作业

包括检查润滑油、制动液、冷却液等储存状况,测量储箱的存量,按需添加。

5 汽车修理工艺过程概述

5.1 汽车修理工艺过程

汽车修理可分为许多工艺作业,按规定顺序完成这些作业的过程称为工艺过程。由于修理工艺组织方法的不同,可分为就车修理法和总成互换修理法。

就车修理法的特点是:所有的总成都是由原车拆下的总成和零件装成的,由于各总成的修理周期不同,采用就车修理法时,必须等修理周期最长的总成修竣后方能装配汽车。因此,修理周期较长。

当采用就车修理法时,将验收并经外部清洗的汽车拆成总成,然后分解成零件,并加以清洗。所有零件经检验后可分为可用的、不可用的和需修的3类。可用的零件直接送至总成装配;需修的零件送至零件修理车间修复后再送至总成装配;不可用的零件用新件或修复件替换。当总成零部件配套齐全后,可进行总成装配,总成经磨合试验后,将合格的总成送至汽车总装。汽车车架、车身和电气仪表的修理是在总成拆散修理装配的同时进行的。汽车总装完毕,经试验并消除所发现的缺陷后,进行汽车外表涂装,然后交验收员检验后交车。

采用总成互换修理法时,将经外部清洗并验收的汽车拆成总成,修理轿车车身(或车架)。然后用备用总成库的周转总成、组合件和零件来装配汽车。而拆下的总成经拆散检验分类和修复后,交备用总成库,以备其他车辆修理时使用。由于采用了备用零件和周转总成,就不会

破坏汽车修理装配的连续性,可大大缩短大修时间。

采用总成互换修理法时,企业承修的车辆必须车型较单一,而且互换总成的修理质量必须达到统一的修理标准。否则,实施时就会发生困难。

采用总成互换修理法时,备用总成的数量与总成修理的时间与车身(或车架)修理时间的差值大小有关,在差额期内必须由备用总成来补充。

5.2 汽车修理的作业组织

汽车修理生产中采用两种作业组织方式:固定工位作业法和流水作业法。

固定工位作业法是在一个工作位置完成全部修理工作。它要求工人技术全面,且难于使用专用设备,因而会影响修理生产率和质量。这种作业方式适用于生产规模小、车型复杂的修理企业。

流水作业法的全部修理作业是在由几个连续的工作位置所组成的流水线上进行。根据移动方式不同,流水作业法可分为连续流水作业和间断流水作业两种。流水作业法通常适用于承修单一车型、承修规模较大的修理企业,常用于汽车或总成拆装以及基础件的修理加工。由于这种作业方式的专业化程度高,总成和组合件运距短、工效高,但设备投资大,占地面积大。

修理生产的劳动组织方式通常可分为两种类型:综合作业法和专业分工作业法。

综合作业法是适用于固定工位作业法的一种劳动组织方式。它是由一个作业组承修一辆汽车的大部分修理工作,它需要全能的修理工人,修理周期长,成本高,一般只适用于生产规模小、车型复杂的修理企业。

专业分工作业法是将汽车修理作业,按工种、部位、总成、组合件或工序由一个或几个专业组专门负责进行。分工的繁简程度,取决于企业的规模。这种劳动组织形式,既适用于固定工位作业法,也适用于流水作业法。它便于采用专用工艺装备,能保证修理质量,提高工效,易于提高工人的操作技术水平,缩短修理周期,同时也利于组织各单元之间的平衡交叉作业,但采用这种形式时,要注意各单元间进度的协调,要搞好生产计划调度及材料供应,才能保证生产有节奏地进行。一般适用于承修车辆多、车型较单一的修理企业。

5.3 汽车的验收

送厂大修的汽车,进厂时应进行验收。验收时应检查该车送修的技术鉴定书、车辆技术记录、送修前的车况调查资料,以及送修人员对车辆修理的要求。进行车辆外部检视和必要的技术状况检查,查对该车的技术装备,做好进厂检验的技术记录,以便提供给生产调度部门及生产车间作为生产调度和施工时的主要依据。

(1)为了有效地组织修理生产,承修企业应掌握送修车辆的情况,其具体内容包括:

①汽车修理企业必须掌握承修车型的结构特点及维修资料、数据,其目的是:

a. 使汽车修理工艺与汽车制造时的工艺方法保持一致。

b. 使汽车大修时零件的加工基准与制造时的基准保持一致。

c. 使汽车大修与汽车制造时的尺寸链计算方法保持一致,保持同一个封闭环,并保持封闭环在同一散布域。

d. 使大修时的主要配合副的配合特性和旋转件的平衡要求与制造时保持一致。

e. 使零件修复后的表面硬度、冲击韧性、耐久性和表面粗糙度指标与新零件的指标保持一致或相近。

② 修理企业必须掌握承修车型在使用中的故障规律和各部件的耐久性资料,为大修时的修理方法提供必要的信息,对汽车的薄弱环节可通过修理时选择适当的修理工艺予以改善;并应尽量利用汽车各个结构元件的寿命储备,以降低大修成本。

③ 掌握汽车大修前各部件实际技术状况,以便事先安排备料、生产计划和调配等工作,使汽车在修理过程中不会因等待材料、配件或由于各工序不能配合协调而停工,通常在汽车大修前的最后一次高级维护时,对汽车进行技术摸底,详细记录各部件的技术状况。

(2) 确定承修车辆的技术状况与装备的齐全程度。

(3) 检验送修汽车以进一步了解汽车各部的技术状况。

6 汽车零件的检验分类

零件检验分类是通过技术鉴定,根据零件的技术状况,分为可用零件、需修零件和不可用零件。可用零件是指几何尺寸和形状偏差均在技术条件容许范围内的零件;需修零件是指几何尺寸超出技术条件规定的容许值的零件;不可用零件是指具有超出技术文件规定的缺陷,且不能修复或修复在经济上不合算的零件。

6.1 汽车零件检验分类的技术条件

零件检验分类的技术条件是确定零件技术状况的依据,一般应包括以下内容:
(1) 零件的主要特性,包括零件的材料、热处理性能以及零件的尺寸等。
(2) 零件可能产生的缺陷和检验方法,并用简图标明缺陷的部位。
(3) 缺陷的特征。
(4) 零件的极限磨损尺寸、容许磨损尺寸和容许变形量或相对位置偏差。
(5) 零件的报废条件。
(6) 零件的修复方法。

6.2 汽车零件检验分类的技术条件和确定方法

制定零件技术条件的关键,在于确定零件容许磨损尺寸和极限尺寸。

6.2.1 零件容许磨损尺寸的基本概念

确定零件容许磨损尺寸时,必须考虑到零件制造时的容许误差(公差)以及汽车在使用过程中逐步积累起来的各种损伤对零件工作能力的影响。零件的容许磨损值,应保证零件在继续使用时,能有相应的使用期和一定的可靠性水平。

在确定零件容许磨损尺寸时,应考虑零件容许磨损量对机构装配误差的影响,并符合经济判定原则,即在该容许磨损量下,使修理企业消耗在修理与装配上的单位费用为最小。

6.2.2 确定零件容许磨损、极限磨损尺寸的传统方法

易损零件的容许磨损尺寸,各车型的修理手册中均有具体规定,修理时应参照执行。若无

修理手册时,则需根据零件的使用统计资料来确定。确定零件容许磨损尺寸和极限磨损尺寸是一项较复杂性的技术工作,必须通过对使用统计资料的分析、试验研究以及理论分析等方法进行综合分析后,方能确定。

6.3 零件检验方法的分类

汽车零件的检验方法可根据检验技术要求的不同,分为外观检验、几何尺寸测量、零件位置偏差测量及零件的内部组织缺陷的检验等。

零件出现破裂,具有显著裂纹、变形或磨损时,一般可通过外部检视进行检验。

零件因磨损引起尺寸上的变化,或因变形引起几何形状或相互位置偏差的变化,必须采用通用或专用量具,通过测量尺寸或相对位置偏差来确定零件的技术状况。对零件的物理机械性能和零件内部的隐蔽缺陷,则必须采用染色法、磁力探伤法、X射线法、超声波法等设备来检验。

7 汽车总成装配的一般技术要求

汽车总成装配是按照规定的技术条件,将组成总成的零部件连接在一起的过程。

汽车修理时的总成装配与汽车制造时不同,修理过程中进入总成装配的零件有3类:具有允许磨损量的旧零件、经修复合格的零件、换用的新零件,通常前两类的尺寸公差都比制造公差大,为使配合副的配合特性达到装配技术条件的要求,配套时必须按装配技术条件的要求对配合件进行选配,包括按尺寸进行选配和按质量进行选配。此外,为达到装配技术条件规定的配合特性要求,在配套过程中,往往需要进行一些钳工修合工作,如刮削、铰孔、珩磨等。

总成装配的技术要求通常包括:配合副配合特性;主要连接件的紧固力矩及其均匀性;各零件工作表面和轴线间的相互位置;旋转件的平衡要求;高速运动件的质量要求,以及密封性、清洁度和调整要求等。零件的配合特性要求与零件的结构、几何尺寸、形状公差以及表面粗糙度有关,常以间隙或过盈表示。

零件间的位置要求包括轴线间的平行度、垂直度和同轴度等。

总成的装配精度是指采用相应的装配方法装配后,各配合副达到总成装配技术要求中各项指标的符合程度,包括配合精度、位置精度和回转件的运动精度等。

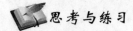

一、简答题
1. 汽车拆卸与装配的原则及方法有哪些?
2. 汽车拆装安全操作规程有哪些?
3. 说明汽车装配的基本知识。
4. 说明汽车装配过程的3个阶段。
5. 说明汽车常用拆装工具的使用方法。
6. 说明汽车专用拆装工具的使用方法。

二、选择题

1. 对于锈死螺栓的拆卸可在( )中浸泡 20~30min,使锈层变松,以便拧出。
   A. 煤油　　　　B. 机油　　　　C. 制动液　　　　D. 汽油
2. 主要螺栓的螺纹紧固后,螺栓端部应( )。
   A. 伸出螺母 1~3 扣　　　　　　B. 与螺母平齐即可
   C. 缩进螺母 1~3 扣　　　　　　D. 至少应伸出螺母 5 扣以上
3. 一次性螺栓拆卸( )不可再用。
   A. 变形后　　　B. 螺纹断扣后　　C. 滑牙后　　　D. 后一律
4. 鲤鱼钳的功能是( )。
   A. 松紧螺栓　　　　　　　　　　B. 弯曲小金属材料或切断金属丝
   C. 松紧螺母　　　　　　　　　　D. 可当撬棒使用
5. 板牙用于加工( )。
   A. 螺纹孔　　　B. 螺母螺纹　　C. 外螺纹　　　D. 内、外螺纹
6. 多数轿车更换发动机机油的周期里程为( )km。
   A. 2000~3000　B. 5000~8000　C. 10000~12000　D. 14000~16000
7. 轿车更换变速器齿轮油的周期里程多数为( )km。
   A. 10000　　　B. 20000　　　C. 60000　　　D. 120000
8. 发动机正时皮带更换的里程周期一般为( )km。
   A. 8000~10000　B. 20000~30000　C. 40000~80000　D. 120000~140000
9. 我国维修制度规定轮胎换位属于( )维护。
   A. 日常　　　　B. 一级　　　　C. 二级　　　　D. 小修

三、判断题(正确画√、错误画×)

1. 在拆卸紧配合件时应尽量使用压力机和拉拔器。( )
2. 在拆卸螺栓连接件时,按螺栓紧固力矩的大小优先依次选用固定扳手、梅花扳手和套筒扳手。( )
3. 有的组合件是分组选配的配合副,拆卸时必须做好装配标记。( )
4. 发动机的拆卸必须在完全冷却的状态下进行,以免机件变形。( )
5. 在拆卸螺纹连接件时,可优先使用活动扳手或手钳。( )
6. 在拆卸蓄电池时,应优先拆下正极桩上的电源线。( )
7. 主要螺栓的螺纹紧固后,螺栓端部应伸出螺母 1~3 扣。( )
8. 所有的螺栓拆卸后,若无明显损伤仍可再次装配连接使用。( )
9. 总成装配后应防止"三漏",即防止漏油、漏水和漏气。( )
10. 可用锤子敲击螺丝刀柄当錾子使用。( )

单元二 汽车的可靠性及零部件失效分析

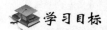学习目标

知识目标
1. 简单叙述汽车的故障模式及故障类型;
2. 正确描述浴盆状故障率函数曲线;
3. 正确描述汽车零件的失效分类。

能力目标
1. 会分析汽车零部件磨损失效模式以及失效机理;
2. 会分析汽车零部件疲劳断裂失效及其机理;
3. 会分析汽车零部件腐蚀失效及其机理;
4. 会分析汽车零部件变形失效及其机理。

随着现代生产和科学技术的发展,可靠性问题越来越受到重视,对汽车而言,其可靠性标志着汽车在整个使用寿命周期内保持其质量指标的性能。汽车在整个寿命周期内,因零件磨损、疲劳等而消耗在维修上的费用,往往是新车价值的4~6倍。汽车的使用可靠性在很大程度上取决于汽车的使用与维修方法。

汽车可靠性理论是一门新兴学科,它以概率论和数理统计等为理论基础,以试验和调查数据为资料,以电子计算机为辅助手段,按照系统工程的分析方法,权衡经济得失,通过精确设计,合理制造,正确的使用、维修和科学管理,将汽车的可靠性进一步提高,达到令人满意的程度。

1 汽车产品的可靠性及其故障模式

1.1 汽车产品的可靠性

产品通常是指作为单独研究或单独试验对象的任何元器件、零件,甚至一台完整的设备,如汽车、发动机或汽缸体等。

可靠性是指产品在规定的使用条件下和规定的时间内,完成规定功能的能力。产品的可靠性分为固有可靠性和使用可靠性。固有可靠性是指产品从设计到制造整个过程中确定了的内在可靠性,它是产品的固有属性。"使用可靠性"则考虑了使用、维修对产品可靠性的影响,使用维护方法以及操作人员的技术熟练程度等,都会对产品的寿命及功能的发挥产生重大影响。维修是指产品在投入使用后,为保持或在系统发生故障后恢复产品规定的功能而采取的技术措施。

汽车的使用可靠性取决于汽车本身的固有可靠性以及汽车的使用维修水平,并与汽车的使用条件有关。随汽车使用时间的增长,其出现故障的可能性也随之增大,使用可靠性也下降。若从汽车开始运行到其工作至 T 时间对汽车实施维护,则称时间 T 为维护周期。在达到维护周期之前,汽车出现故障的可能性增大,经维护后,使汽车的技术性能在一定程度上得到恢复。汽车经过长期使用、多次维护后,其技术性能会明显下降,这时只有通过修理才能使技术性能有大幅度的提高。当汽车使用到其性能达到极限状态时,则相应达到汽车极限行驶里程。可见,汽车维修只能在一定程度上维持汽车的技术状况,提高使用可靠性,但不能完全恢复其固有的可靠性水平。故经过相当里程的行驶后(即达到极限里程时)汽车就得报废。

1.2 汽车故障模式及分布规律

1.2.1 汽车故障模式

所谓故障或失效是指产品丧失了原有功能的能力。在产品的试制、生产、使用及维护各个阶段中都可能出现失效现象。故障模式则是指由失效机理所显示出来的各种失效现象或失效状态。汽车上常见的故障模式如下:

(1)损坏型故障模式。如断裂、裂纹、点蚀、击穿、变形、拉伤、压痕等。
(2)退化型故障模式。如老化、变质、剥落、磨损等。
(3)松脱型故障模式。如松动、脱落等。
(4)失调型故障模式。如压力过高或过低、行程失调、间隙过大或过小、干涉、卡滞等。
(5)堵塞与渗漏型故障模式。如堵塞、漏油、漏水、漏气、渗油等。
(6)性能衰退或功能失效型故障模式。如功能失效、性能衰退、公害超标、异响、过热等。

通过对故障模式的分析,可了解影响系统功能的关键性零部件的失效情况,从而在设计上考虑改进的方法(如重新考虑系统结构、改换材料、采取有储备系统设计方法等以提高系统的可靠性)。在系统设计过程中,通过对系统各组成单元潜在的各种故障模式、对系统功能的影响、产生后果的严重程度等进行分析,提出预防改进措施,以提高产品的可靠性。

1.2.2 汽车故障类型

汽车由于各种原因而产生故障,按照故障率特点可把故障分为 3 种类型(时期):早期故障型(期)、偶然故障型(期)和耗损故障型(期)。图 2-1 所示为著名的浴盆状故障率 λ(横坐标为里程 L 或时间)函数曲线。

早期故障型(期)的故障率,是指产品在开始使用时发生故障的可能性很大,随着时间的延长而逐渐下降,称为故障率减少型,相当于磨合期,见图 2-1 中 A 段。此类故障多

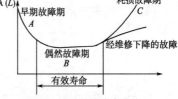

图 2-1 浴盆状故障率曲线

是由于设计、制造、管理、检验的差错及装配不佳而致,一般可通过强化试验或磨合加以排除。

偶然故障型(期)的故障率是与时间无关的常数,见图 2-1 中 B 段,其故障率变化甚微,称为故障率恒定型,相当于正常使用期。此类故障多是由于操作疏忽、润滑不良、维护欠佳、材料隐患、工艺及结构缺陷等原因所致,故障具有偶然性。

耗损故障型(期)的故障率是指产品经长期使用后,出现老化衰竭而引起的,其随时间的延长而逐渐增加,称为故障率增长型,见图 2-1 中 C 段。因此若在故障率开始上升前提前更换或修复好将要耗损的零部件,则可以减小故障率,延长汽车的使用寿命。

2 汽车零部件失效的概念及分类

汽车零部件失效分析,是研究汽车零部件丧失其功能的原因、特征和规律,研究其失效分析技术和预防技术,其目的在于分析零部件失效的原因,找出导致失效的责任,并提出改进和预防措施,从而提高汽车的可靠性和使用寿命。

2.1 失效的概念

汽车零部件失去原设计所规定的功能称为失效。失效不仅是指完全丧失原定功能,而且还包含功能降低和有严重损伤或隐患、继续使用会失去可靠性及安全性的零部件。机械设备发生失效事故,往往会造成不同程度的经济损失,而且还会危及人们的生命安全。汽车作为重要的交通运输工具,其可靠性和安全性越来越受到重视。因此,在汽车维修工程中开展失效分析工作,不仅可以提高汽车维修质量,而且可为汽车制造部门提供反馈信息,改进汽车设计和制造工艺。

2.2 失效的基本类型

按失效模式和失效机理对失效进行分类是研究失效的重要内容之一。失效模式是失效件的宏观特征,而失效机理则是导致零部件失效的物理、化学或机械变化的原因,并因零件的种类、使用环境而异。

汽车零部件按失效模式可分为磨损、疲劳断裂、腐蚀、变形及老化等 5 类,见表 2-1。

表 2-1　汽车零件失效分类

失效类型	失 效 模 式	举 例
磨损	粘着磨损、磨料磨损、表面疲劳磨损、腐蚀磨损、微动磨损	汽缸工作表面"拉缸"、曲轴"抱轴"、齿轮表面和滚动轴承表面的麻点、凹坑等
疲劳断裂	高应力低周疲劳、低应力高周疲劳、腐蚀疲劳、热疲劳	曲轴断裂、齿轮轮齿折断等
腐蚀	化学腐蚀、电化学腐蚀、穴蚀	湿式汽缸套外壁麻点、孔穴
变形	过量弹性变形、过量塑性变形	曲轴的弯曲、扭曲,基础件(汽缸体、变速器壳、驱动桥壳)变形
老化	龟裂、变硬	橡胶轮胎、塑料器件的龟裂、变硬

一个零件可能同时存在几种失效模式或失效机理。研究失效原因,找出其主要失效模式,提出改进和预防的措施,从而提高汽车零部件的可靠性和使用寿命。

2.3 零件失效的基本原因

引起零件失效的原因很多,主要可分为工作条件(包括零件的受力状况和工作环境)、设计制造(设计不合理、选材不当、制造工艺不当,安装、调整不当等)以及使用与维修3个方面。零件的受力状况包括载荷的类型、载荷的性质以及载荷在零件中的应力状态。零件承受的载荷若超过其允许承受的能力时,则导致零件失效。在实际工作中,汽车零件往往不是只受一种载荷的作用,而是同时承受几种类型载荷的复合作用,如曲柄连杆机构在承受气体压力过程中,各零件承受扭转、压缩、弯曲载荷及其应力作用,齿轮轮齿根部所承受的弯曲载荷以及工作表面承受的接触载荷等。

汽车零件在不同的介质(气体,液体,酸、碱、盐介质,固体磨料,润滑剂等)环境和不同的工作温度作用下,可能引起腐蚀磨损、磨料磨损以及热应力引起的热变形、热膨胀、热疲劳等失效,还可能造成材料的脆化,造成高分子材料老化等。

设计不合理是零件失效的重要原因之一。例如轴的台阶处直角过渡、过小的圆角半径、尖锐的棱边等会造成应力集中。这些应力集中处,可能成为零件破坏的起源。花键、键槽、油孔、销钉孔等处,设计时如果没有充分考虑到这些形状对截面强度的削弱和应力集中问题,或者位置安排不当,都将造成零、部件的早期破坏。材料选择不当以及在制造过程中操作工艺不当而产生裂纹、高残余内应力、表面质量不良、达不到要求的机械性能等,都可能成为零件失效的原因。紧配合零、部件的装配精度不够,导致相配合零件之间的滑移和变形,将产生微动磨损,从而也加速零件的失效过程。

汽车在使用中超载、润滑不良、滤清效果不好,违反操作规程,出现偶然事故以及维修不当等,也会造成零件的早期破坏。

3 汽车零部件的各种失效模式、失效机理及防止措施

3.1 汽车零部件磨损失效机理及防止措施

绝大多数汽车零件不能继续使用并不是由于汽车零件的整体被破坏,而是由于零件工作表面的磨损逾限而促使零件加速失效。据统计约有75%的汽车零件是由于磨损而报废,因此磨损失效是影响汽车零部件可靠性的主要因素。磨损与零件所受的应力状态、工作与润滑条件、加工表面形貌、材料的组织结构与性能以及环境介质的化学作用等一系列因素有关。

按表面破坏机理和特征,磨损可分为磨料磨损、粘着磨损、表面疲劳磨损、腐蚀磨损和微动磨损等。前三种是磨损的基本类型,后两种磨损形式只在某些特定条件下才会发生。各类磨损的特点和实例见表2-2。

各类磨损的内容及特点　　　　　　　　表2-2

类型	内容	磨损表面特征	举例
磨料磨损	在摩擦过程中,因硬质颗粒或硬的凸出物划伤摩擦表面而引起材料脱落的现象	刮伤、沟槽擦伤	农业及矿山机械零件、内燃机的汽缸壁等
粘着磨损	摩擦副相对运动时,由于固相焊合,接触表面的材料由一个表面转移到另一个表面的现象	擦伤、锥形坑、鱼鳞片状、麻点、沟槽	内燃机的活塞与缸壁、滑动轴承等
表面疲劳磨损	两接触表面,因周期性载荷作用,使表面产生变形和应力,从而导致材料产生疲劳裂纹和分离出微片或颗粒的现象	裂纹、麻点、剥落	滚动轴承、齿轮副、凸轮和挺杆、滑动轴承等

续上表

类型	内　　容	磨损表面特征	举　　例
腐蚀磨损	在摩擦过程中，金属与周围介质发生化学或电化学反应，产生材料损失的现象	有反应物生成（形成腐蚀膜、颗粒）	曲轴轴颈的氧化磨损、汽缸套的低温腐蚀等
微动磨损	两紧配合的接触表面相对低振幅的振动，引起表面复合磨损，出现材料损失的现象	复合形式磨损	零件的嵌合部件、铆钉连接、螺钉连接、紧配合的轴等

3.1.1　磨料磨损失效机理及防止措施

物体表面与硬质颗粒或硬质凸出物（包括硬金属）相互摩擦引起表面材料损失的现象称为磨料磨损。磨料磨损是最常见的，同时也是危害最为严重的磨损。统计表明，在各类磨损中，磨料磨损大约占磨损总消耗的50%。对汽车发动机来说，空气中的尘埃、燃润料里的夹杂物、零件在摩擦过程中剥落的磨屑都是磨料的来源。如粒度为 20～30μm 的尘埃将引起曲轴轴颈、汽缸表面的严重磨损，而 1μm 以下的尘埃同样会使凸轮挺杆副磨损加剧。总之，磨料磨损机理是属于磨料的机械作用，这种机械作用在很大程度上与磨料的性质、形状、尺寸大小、载荷以及磨料与被磨表面的机械性能有关。

研究表明，在一般情况下，金属材料的硬度越高，耐磨性越好。纯金属及未经热处理的钢，其抗磨料磨损的相对耐磨性与它们的自然硬度成正比；经过热处理的钢的相对耐磨性也随硬度的增加而增加，但比未经热处理的钢相对耐磨性增加的要缓慢一些；钢中含碳量及碳化物生成元素的含量越多，其相对耐磨性越好。磨料的粒度、硬度和尺寸、材料的断裂韧性以及材料的弹性模数对磨料磨损都有不同程度的影响。

减少汽车零部件磨料磨损的措施，除在设计上选择合适的耐磨材料、提高工作表面硬度和合理的结构设计外，在使用和维修过程中，应防止外界磨料进入各总成内部。因此，避免汽车在含尘率大的土路上列队行驶；防止燃油、润滑油在储存及运输过程中混入机械杂质；改善发动机的空气滤清器、燃油滤清器和机油滤清器的滤清质量；密封曲轴箱、变速器壳体、进气管道接头；加强总成装配前的清洁工作等，都可以防止磨料侵入零件的摩擦表面。

3.1.2　粘着磨损失效机理及防止措施

当摩擦副相对运动时，由于互相焊合的作用，造成接触面金属损耗的现象称为粘着磨损。干摩擦和在润滑不良条件下工作的滑动摩擦副容易产生粘着磨损，严重时会使摩擦副焊死。在汽车零件中，如汽缸套与活塞、活塞环、曲轴轴颈与轴承、凸轮与挺杆、差速器十字轴和齿轮等在装配、使用不当时，都可能产生粘着磨损。

由于表面存在微观不平，表面的接触发生在微凸体处，在一定载荷的作用下，接触点处发生塑性变形，使其表面油膜被挤压破坏，两摩擦表面金属直接接触形成粘结点（即互相焊合）。粘结点处的强度分两种情况：一是粘结点的强度比基体金属强度高，则在相对滑动时，基体金属被剪切破坏；二是粘结点的强度比基体金属强度低，则粘结点被剪切。当零件表面缺乏润滑，相对滑动速度较小而比压很大、超过表面实际接触点处屈服极限时，会发生这类磨损，也称为第一类粘着磨损。其磨损量与滑动距离、法向载荷成正比，与较软材料的屈服极限（或硬度）成反比。

选用不同种金属、互溶性小的金属以及金属与非金属材料组成摩擦副，合适的表面粗糙度,减小载荷(加载不要超过材料硬度值的1/3),并尽可能提高材料的硬度都可以减小磨损量。

当摩擦副在高的滑动速度(钢对钢而言,大于3m/s)、高接触应力的工作条件下,摩擦表面实际接触的微凸体,因大量的摩擦热而产生熔化和熔合,相互粘接在一起,又在相对运动中被撕裂,严重时造成相对运动停止,这种形式的磨损称为第二类粘着磨损,也称为热磨损。发动机中的"拉缸"、"抱轴"都属于这类磨损。这是一种严重而危险的破坏过程,常常是突然发生的,应设法避免。

引起热磨损的根本原因是摩擦区形成的热。因此,防止热磨损有两个应遵循的原则:一是设法减小摩擦区的形成热,使摩擦区的温度低于金属热稳定性的临界温度和润滑油热稳定性的临界温度。因此在设计上可采取在摩擦区增加水冷或风冷的结构措施;改变零件摩擦区的形状和尺寸,使形成的摩擦热尽可能快地传到周围介质中去。在维修中注意摩擦副的配合间隙;走合期要低速轻载,控制摩擦表面温度,采用合适的润滑剂和表面化学处理形成的表面膜等,都可以避免和减少热磨损发生。二是设法提高金属热稳定性和润滑油的热稳定性。因此,在材料选择上应选用热稳定性高的合金钢并进行正确的热处理,或采用热稳定高的硬质合金堆焊,是防止粘着磨损发生的有效措施。

3.1.3 表面疲劳磨损失效机理及防止措施

两接触表面在交变接触压应力的作用下,材料表面因疲劳而产生物质损失的现象称为表面疲劳磨损。表面疲劳磨损一般多出现在相对滚动或滚动-滑动复合运动的点接触或线接触的摩擦副,如齿轮副的轮齿表面、滚动轴承的滚珠和滚道以及凸轮副等。滑动摩擦时,也会出现疲劳破坏,如巴氏合金轴承表面材料的疲劳剥落。

表面疲劳磨损是疲劳和摩擦共同作用的结果,其失效过程可分为两个阶段:①疲劳核心裂纹的形成;②疲劳裂纹的发展直至材料微粒的脱落。对表面疲劳磨损初始裂纹的形成,有下述几种理论。

3.1.3.1 最大剪应力理论(裂纹起源于次表层)

裂纹的产生一般都是由于在切应力作用下因塑性变形而引起。纯滚动时,最大剪切应力发生在表层下 $0.786b$(b 为接触宽度之半)处,即次表层内,如图 2-2 所示。在载荷反复作用下,裂纹首先在此附近发生,并沿着最大剪切应力的方向扩展到表面,形成磨损微粒脱落。磨屑形状多为扇形,在摩擦表面上留下各种形状的"痘斑"状点坑。

当除纯滚动接触外,还带有滑动接触时,最大剪切应力的位置随着滑动分量的增加向表层移动(图 2-2),则破坏位置也随之向表层移动。

3.1.3.2 油楔理论(裂纹起源于摩擦表面)

在滚动带滑动的接触过程中(如齿轮啮合面),由于外载荷及表层的应力和摩擦力的作用,引起表层或接近表层的塑性变形,使表面硬化形成初始裂纹,并沿着与表面呈小于45°的夹角方向扩展。当有润滑油时,润滑油挤入裂纹中,使裂纹的尖端处形成油模,如图2-3所示。当滚动体接触到裂口处,将裂口封住时,润滑油被堵在裂纹内,使裂纹的内壁承受很大压力,迫使裂纹向纵深发展。这样,裂纹与表面层之间的小块金属犹如一承受弯曲的悬臂梁,在载荷的继续作用下被折断,在接触面留下深浅不同的麻点剥落坑。一般剥落坑深度为 $0.1 \sim 0.2$mm。

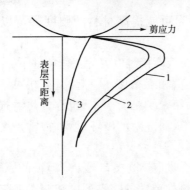

图 2-2 表层下剪切应力的分布
1-纯滚动;2-滚动兼有滑动;3-纯滑动

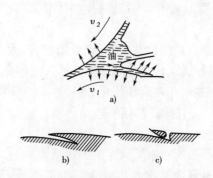

图 2-3 表面裂纹发展和润滑油作用示意图
a)润滑油楔入裂纹;b)裂纹扩大;c)微屑脱离母体

3.1.3.3 裂纹起源于硬化层与心部过渡区

表层经过强化处理的零件(渗碳、淬火等),其接触疲劳裂纹往往出现在硬化层与心部过渡区。这是因为该处所承受的剪切应力较大,而材料的剪切强度较低。试验表明,只要该处承受的剪切应力与材料的剪切强度之比大于 0.55 时,就有可能在过渡区形成初始裂纹。裂纹平行于表面,扩展后,再垂直向表面发展而出现表层大块状剥落。一般来说,当硬化层深度不合理、心部强度过低、过渡区存在不利的残余内应力时,容易在硬化层与心部过渡区产生裂纹。

表面疲劳磨损与零件材料、热处理的金相组织、表面粗糙度、接触精度以及润滑状态有关。零件材料中含有非金属夹杂物,特别是脆性夹杂物,如氧化铝、硅酸盐、氮化物等,对产生表面疲劳磨损影响很大。它们与基体的交界处引起应力集中,在脆性夹杂物的边缘部分最易形成裂纹,降低了抗疲劳磨损的能力。材料的强度和硬度影响表面疲劳磨损,材料的抗断裂强度越大,则磨损微粒分离所需要的疲劳循环次数也越多,可以提高耐磨性。研究表明,轴承钢的表面硬度为 HRC 62 左右时,轴承的平均使用寿命最高。零件的强化层(渗碳层、氮化层等)要合理,使最大剪切应力在强化层内,则能提高抗疲劳磨损的能力。另外,零件摩擦表面间的润滑油黏度较高时,由于接触部分的压力近乎均匀,同时油液不易渗入裂纹,从而能提高表面抗疲劳磨损的能力。

3.1.4 腐蚀磨其失效机理及防止措施

零件表面在摩擦过程中,表面金属与周围介质发生化学或电化学反应,因而出现物质损失的现象称为腐蚀磨损。腐蚀磨损是腐蚀和摩擦共同作用的结果。其表现的状态与介质的性质、介质作用在摩擦表面上的状态以及摩擦材料的性能有关。腐蚀磨损通常分为氧化磨损、特殊介质的腐蚀磨损、穴蚀及氢致磨损。

3.1.4.1 氧化磨损

氧化磨损是最常见的一种磨损形式,曲轴轴颈、汽缸、活塞销、齿轮啮合表面、滚珠或滚柱轴承等零件都会产生氧化磨损。与其他磨损类型比较,氧化磨损具有最小的磨损速度(线磨损值为 $0.1 \sim 0.5 \mu m/h$),而且零件表层形成的一层氧化膜有时还能起到保护膜的作用。

所有存在于大气中的金属表面都存在氧的吸附层(氧的物理吸附层和化学吸附层),这是金属与周围空气中的氧相互作用的结果。当两零件表面相对运动时(不论是滑动摩擦或是滚动摩擦),金属表面和周围介质之间相互作用的活性迅速增加,表面上形成氧化膜的速度比静态时快得多。因此,如果摩擦表面微凸体上的氧化膜由于摩擦遭到破坏而脱落,则在另一次摩擦接触前又形成新的氧化膜。这种氧化膜不断被除去,又反复形成的过程称为氧化磨损。研究表明,氧化磨损的规律如图 2-4 所示。

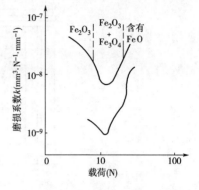

图 2-4　氧化磨损的规律

影响氧化磨损的因素有摩擦副的滑动速度、接触载荷、氧化膜的硬度、介质中的含氧量、润滑条件以及材料性能等。在载荷不变的条件下,氧化磨损量随滑动速度的变化而变化。当滑动速度变化时,磨损类型将在氧化磨损和粘着磨损之间相互转化。当载荷超过某一临界值时,磨损量随载荷的增大而急剧增加,其磨损类型也由氧化磨损转化为粘着磨损。介质含氧量会直接影响磨损率,金属在还原性气体、惰性气体、纯氧介质中,其磨损值都比空气中大,这是因为空气中形成的氧化膜强度高,与基体金属结合牢固的缘故。润滑油膜能起到减磨合保护作用,减缓氧化膜生成的速度。但油脂与氧反应生成酸性氧化物时则会腐蚀摩擦表面。生产中有时利用危害性小的腐蚀磨损来防止危害性大的粘着磨损。如汽车后桥中采用双曲线齿轮传动,因双曲线齿轮副接触应力较大,极易产生早期粘着磨损。为此,在润滑油中加入中性极压添加剂,使油膜强度提高,宁可使其产生较低的氧化性的腐蚀磨损,而避免严重的粘着磨损出现。

3.1.4.2　特殊介质腐蚀磨损

摩擦副与酸、碱、盐等特殊介质作用生成各种产物,在摩擦过程中不断被磨去的现象称为特殊介质腐蚀磨损。其磨损机理与氧化磨损相似,但磨损速度较快,磨损率随介质的腐蚀性增大而变大。若钢表面能形成一层结构致密,与基体金属结合牢固的钝化膜,则磨损率不再随介质腐蚀性而变化。若保护膜的生成速度大于腐蚀速度,磨损率也不随介质的腐蚀性而变化。

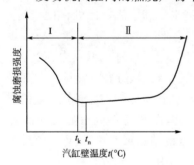

图 2-5　汽缸壁温度与腐蚀磨损强度的关系
Ⅰ-电化学腐蚀;Ⅱ-化学腐蚀

发动机汽缸内的燃烧产物中含有碳、硫和氮的氧化物,水蒸气和有机酸如蚁酸(CH_2O)、醋酸($C_2H_4O_2$)等腐蚀性物质,可直接与缸壁起化学作用,也可溶于水形成酸类腐蚀缸壁,前者称为化学腐蚀,后者称为电化学腐蚀,其腐蚀强度与温度有关。图 2-5 所示为汽缸壁温度与腐蚀磨损强度的关系。图中 t_k 是在一定压力下水蒸气凝结的露点,在温度低于 t_k 的Ⅰ区内为电化学腐蚀,腐蚀强度很高。温度高于 t_k 时,主要是化学腐蚀,随着温度的升高,腐蚀强度逐渐增高,随后又加剧。在附近有一个腐蚀最小的理想区($t_k \sim t_n$),这时腐蚀强度最小。

润滑油氧化时将生成有机酸,对轴承材料中的铅、镉有很大腐蚀作用,开始时在轴承表面形成黑点,并逐渐扩展成海绵状空洞,在摩擦过程中呈小块剥落,因此要严格控制润滑油中的酸值。

3.1.4.3　穴蚀(又称气蚀或空蚀)

穴蚀是当零件与液体接触并有相对运动时,零件表面出现的一种损伤现象。柴油机湿式缸套的外壁与冷却液接触的表面、滑动轴承在最小油膜间隙之后的油膜扩散部分(由于负压的存在),都能产生穴蚀,如图 2-6 所示。

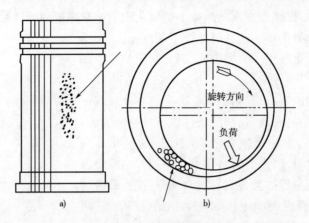

图 2-6 穴蚀位置示意图
a) 柴油机缸套;b) 滑动轴套

穴蚀产生的机理是由于冲击应力而造成的表面疲劳破坏,但液体的化学和电化学作用、液体中含有杂质磨料等均可加速穴蚀的破坏过程。以汽缸套穴蚀为例,由于汽缸内燃烧压力随曲轴转角而变化,缸套在活塞侧向推力的作用下,使缸套产生弹性变形和高频振动。在液体与缸套接触处由于振动,其局部压力可能比液体的蒸发压力低,因而将在接触表面附近产生气泡。此外,溶解在液体中的气体也可能析出而形成气泡。随后当气泡流动到液体压力超过气泡压力的地方时,气泡便溃灭。在溃灭的瞬时产生极大的冲击力(可高达几千甚至10000个大气压)和高温(可达数百度),气泡溃灭的速度可达 250m/s。缸套的外壁承受这种冲击应力的多次反复作用,使表面材料产生疲劳而逐渐脱落,形成麻点状,随后扩展、加深,严重时呈聚集的蜂窝状孔穴群,甚至穿透缸壁。

由于柴油机多用湿式汽缸套,汽缸套外壁的穴蚀破坏比较严重,成为影响缸套寿命的主要原因之一。缸套穴蚀破坏的一般特征是孔穴群集中出现在连杆摆动平面的两侧,尤其是在活塞承受侧压力大的一侧所对应的缸套外壁最为严重。另外在进水口和水流转向处,缸套支撑面和密封处也可能出现穴蚀破坏。

防止缸套穴蚀的措施:一是防止或减少气泡的形成,二是如气泡不可避免地发生,就应设法使气泡在远离机件的地方溃灭或提高零件材料抗穴蚀的能力。增加汽缸套固定刚度(如增加承孔的支撑高度,减小配合间隙等),以减少缸套的振动;加宽水套使冷却均匀,减少气泡爆破时的影响;消除冷却水路中局部涡流区及死水区,可采用切向进水,使冷却液沿缸套进行完全的回转运动,将产生的气泡带走;另外,在使用中应保持冷却液的清洁或在冷却液中加乳化剂;提高缸体与活塞修理质量和装配质量等对防止穴蚀都有一定作用。

3.1.4.4 氢致磨损

含氢的材料在摩擦过程中,由于力学及化学作用导致氢的析出。氢扩散到金属表面的变形层中,使变形层内出现大量的裂纹源,裂纹的产生和发展,使表面材料脱落称为氢致磨损。1980年,苏联学者波列可夫等人发现摩擦表面上有氢的浓度上升的现象。氢可能来自材料本身或是环境介质,如润滑油和水中等。

3.1.5 微动磨损失效机理及防止措施

两接触表面间没有宏观相对运动,但在外界变动负荷影响下,有小振幅的相对振动(一般小于100μm），此时接触表面间产生大量的微小氧化物磨损粉末，因此造成的磨损称为微动磨损。如果在微动磨损过程中，两个表面之间的化学反应起主要作用时，则称微动腐蚀磨损。如果微动表面或次表面层中产生微裂纹，在反复应力作用下发展成疲劳裂纹，称为微动疲劳磨损。

通常在静配合的轴与孔表面，某些片式摩擦离合器内外摩擦片的接合面上，以及一些受振动影响的连接件（如花键、销、螺钉）的接合面上都可能出现微动磨损。微动磨损造成摩擦表面有较集中的小凹坑，使配合精度降低。更严重的是在微动磨损处引起应力集中，导致零件疲劳断裂。

微动磨损发生的过程如下：接触压力使接合面上实际承载峰顶处发生塑性变形和粘着。外界小振幅的振动将粘着点剪切脱落，脱落的磨屑和剪切面与大气中的氧反应，发生氧化磨损，产生红褐色Fe_2O_3的磨屑堆积在表面之间起着磨料作用，使接触表面产生磨料磨损。如果接触应力足够大，微动磨损点形成应力源，使疲劳裂纹产生并发展，导致接触表面破坏。由此可见，微动磨损是一种复合形式的磨损。是粘着磨损、氧化磨损、磨料磨损三种磨损形式的组合。微小振动和氧化作用是促进微动磨损的主要因素。

影响微动磨损的因素有材料的性能、滑动距离、载荷、振动频率和振幅等。一般来说，抗粘着磨损性能好的材料也具有良好的抗微动磨损性能。紧配合接触面间相对滑动距离大，微动磨损就大。滑动距离一定则微动磨损量随载荷的增加而增加，但超过一定载荷后，磨损量将随着载荷的增加而减少，如图2-7所示。图中曲线表明，可通过控制预应力及过盈配合的过盈量来减缓微动磨损。

微小振幅的振动频率对钢的微动磨损没有影响，而在大振幅振动的条件下，微动磨损量随振动频率的增加而降低。

适当的润滑可有效地改善抗微动磨损的能力，因为润滑

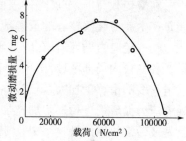

图2-7 微动磨损与载荷的关系

油膜保护表面防止氧化。采用极压添加剂或涂抹二硫化钼都可以减少微动磨损。

3.2 汽车零部件疲劳断裂失效机理及防止措施

零件在交变应力作用下，经过较长时间工作而发生的断裂现象称为疲劳断裂。疲劳断裂是汽车零部件中常见的失效方式之一，也是危害性最大的一种失效方式。

3.2.1 疲劳断裂失效的分类

根据零件的特点及破坏时总的应力循环次数，疲劳失效可按图2-8所示分类。不同类型的疲劳失效的分析方法是不同的。

应力在屈服强度以下，高周疲劳发生时，零件的寿命主要由裂纹的形核寿命控制。应力高于屈服极限，低周疲劳发生时，零件的寿命受裂纹扩展寿命的影响较大。

汽车零件一般多为低应力高周疲劳断裂。

3.2.2 疲劳断裂失效机理

金属零件疲劳断裂实质上是一个损伤累积过程。大体上可分为滑移、裂纹成核、微观裂纹

扩展、宏观裂纹扩展、最终断裂几个过程。

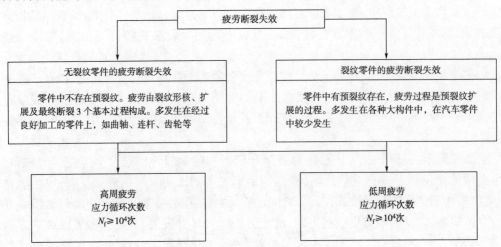

图 2-8　疲劳断裂失效的分类

3.2.2.1　疲劳裂纹的萌生

在交变载荷下，金属零件表面产生不均匀滑移、金属内的非金属夹杂物和应力集中等均可能是产生疲劳裂纹核心的策源地。

在一定应力循环后，在应力硬化区内由于应力的增加出现局部损伤累积以及空穴集聚，这样在各晶粒内局部区域，出现一个或几个相对分布不均匀的滑移线。随着应力循环的进行，原有滑移线的滑移量加大，新出现的滑移线往往与原有相邻的滑移线共同组成滑移带。滑移带随着应力循环的进行逐步加宽加深，在表面出现挤出带和挤入槽，如图2-9所示。这种挤入槽就是疲劳裂纹策源地。另外金属的晶界及非金属夹杂物等处以及零件应力集中的部位（台阶、尖角、键槽等）均会产生不均匀滑移，最后也形成疲劳裂纹核心。

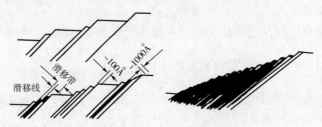

图 2-9　延性金属中由外载荷作用造成的滑移

3.2.2.2　疲劳裂纹的扩展

在没有应力集中的情况下，疲劳裂纹的扩展可分为两个阶段。

在交变应力的作用下，裂纹从金属材料表面上的滑移带、挤入槽或非金属夹杂物等处开始，沿着最大切应力方向（和主应力方向成40°角）的晶面向内扩展，这是裂纹扩展的第一阶段，这一阶段扩展速率很慢。

裂纹按第一阶段方式扩展一定距离后，将改变方向，沿着与正应力相垂直的方向扩展，这是疲劳裂纹扩展的第二阶段，如图 2-10 所示。这一阶段裂纹扩展途径是穿晶的，扩展速率较快。

如在有应力集中的情况下,则不出现第一阶段,而直接进入第二阶段。

裂纹成核后的扩展过程主要包括微观和宏观两个裂纹扩展阶段。整个疲劳过程是:滑移→微观裂纹产生→微观裂纹连接→宏观裂纹产生→宏观裂纹扩展→直至断裂失效。

3.2.3 疲劳断口宏观形貌特征

典型宏观疲劳断口分为3个区域:疲劳源或称疲劳核心、疲劳裂纹扩展区和瞬时断裂区,如图2-11所示。

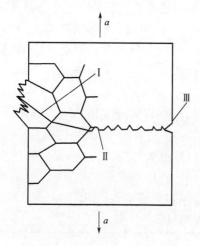
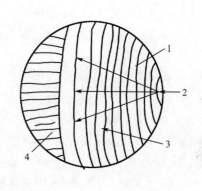

图2-10 疲劳裂纹扩展的两个阶段
Ⅰ-第一阶段扩展;Ⅱ-第二阶段扩展;
Ⅲ-最终破坏断裂

图2-11 疲劳裂纹宏观断口示意图
1-前沿线;2-裂纹策源地;3-裂纹扩展区;4-最后断裂区

3.2.3.1 疲劳源区

疲劳源是疲劳破坏的起始点。一般位于零件表面,但如果内部存在严重缺陷时,也可能发生在零件内部。疲劳源区的断面由于疲劳裂纹扩展缓慢及裂纹反复张开与闭合效应而磨损严重,且具有光亮和细"晶粒"的表面结构。

疲劳源的数目可以不止一个,尤其是过负荷疲劳,其应力幅度较大,断口上常出现几个不同位置的疲劳源。在断口表面同时存在几个疲劳源的情况下,可按疲劳线的密度来确定疲劳源产生的次序。疲劳线的密度越大,表示起源的时间越早。

3.2.3.2 疲劳裂纹扩展区

疲劳裂纹扩展区是疲劳断口最重要的特征区域。此区也较光亮、平滑,存在一些以疲劳源为中心,与裂纹方向相垂直的呈半圆形或扇面型的弧形线称为疲劳弧线,这是金属疲劳断口宏观形貌的基本特征。疲劳弧线是由于外加载荷的改变或者是在邻近的裂纹、材料中的缺陷、残余应力的影响下发生的应力再分配,引起疲劳裂纹前沿局部区域出现应力大小及应力状态的改变,从而使疲劳裂纹扩展的速度及方向均发生变化,在断面上留下塑性变形的痕迹,即疲劳弧线。裂纹扩展区对衡量材料的性能很重要,这个区域大,表示材料的临界裂纹尺寸大(在其他条件基本相似的情况下),能较好地抵抗裂纹的扩展,即具有足够的断裂韧性。有些金属零件在交变应力的作用下发生断裂失效,宏观断口观察不到疲劳弧线,这是由于断口表面经反复压缩而摩擦,使该区变得很光滑,呈细晶状。

在低周疲劳断口上一般观察不到疲劳弧线。

3.2.3.3 瞬时断裂区

是当疲劳裂纹扩展到临界尺寸时,剩余截面上的真实应力超过材料强度,零件发生瞬时断裂的区域。它的特征与静载荷下的快速破坏区相似,出现放射区和剪切唇。脆性材料的断口呈粗糙的"晶粒"状结构或呈放射线;塑性材料的断口具有纤维状结构,在零件表面有剪切唇。

疲劳扩展区与瞬时断裂区所占面积的大小与材料的性质及所受的应力有关。通常高强材料塑性差,承受应力高,疲劳裂纹稍有扩展即导致过载静断,所以它的疲劳扩展区小,而瞬时断裂区大。塑性材料承受应力低时,即使疲劳裂纹有较大扩展,其剩余截面上的应力仍不高,不会立即断裂,瞬时断裂区所占比例就小。因此可根据疲劳断口上两个区域所占比例,估计所受应力大小及应力集中程度。

疲劳断裂因载荷类型不同,其断口形态也不一样,如在双向交变扭转应力作用下,断口呈锯齿状,这是因为轴在双向交变扭转应力作用下,轴颈尖角处将产生很多疲劳源。这些裂纹将同时向与轴线呈40°交角的方向扩展,因为这个方向是最大拉应力方向,最后这些裂纹相交时,便形成锯齿状。

载荷的类型、应力集中和名义应力的大小对疲劳断口宏观形态的影响,见表2-3。

各种类型疲劳断口宏观特征　　　　　　　　　　表2-3

载荷类型	名义应力 应力集中	低名义应力		高名义应力	
		小应力集中	大应力集中	小应力集中	大应力集中
拉伸或单向弯曲					
双向弯曲					
旋转弯曲					

3.2.4 提高汽车零件抗疲劳断裂的方法

提高金属零件疲劳抗力的基本途径是:

(1)延缓疲劳裂纹萌生时间。其方法有强化金属合金表面,控制表面的不均匀滑移,如表面滚压、喷丸、表面热处理等。细化材料晶粒可提高疲劳强度极限;采用热处理方法使晶界成锯齿状或使晶粒定向排列并与受力方向垂直,以防止晶界成为疲劳裂纹扩展的通道。另外提高金属材料的纯洁度,减少夹杂物尺度以及提高零件表面完整性设计水平,尽量避免应力集中的现象等,都是抑制或推迟疲劳裂纹产生的有效途径。

(2)降低疲劳裂纹扩展的速率。其主要方法有止裂孔法,即在裂纹扩展前沿钻孔,以阻止裂纹继续扩展。扩孔清除法,即在不影响强度的前提下,采用扩孔方法加大已产生疲劳裂纹的内孔直径,将疲劳裂纹清除。刮磨修理法,即用刮磨方法将零件局部表面已产生的裂纹清除。此外,还可以在裂纹处采用局部增加有效截面或补贴金属条等降低应力水平的方法,以阻止裂纹继续产生与扩展。

3.3 汽车零部件腐蚀失效机理及防止措施

零件因周围介质腐蚀作用而引起的损坏称为零件的腐蚀。按腐蚀机理可分为化学腐蚀和电化学腐蚀,汽车上约20%的零件因腐蚀而失效。

3.3.1 化学腐蚀失效机理

金属零件与介质直接发生化学作用而引起的损伤称为化学腐蚀。金属在干燥空气中的氧化以及金属在不导电介质中的腐蚀等均属于化学腐蚀。化学腐蚀过程中没有电流产生,通常在金属表面上形成一层腐蚀产物膜,如铁在干燥空气中与空气中的氧作用:

$$4Fe + 3O_2 \longrightarrow 2Fe_2O_3 \tag{2-1}$$

$$3Fe + 2O_2 \longrightarrow Fe_3O_4 \tag{2-2}$$

这层膜的性质决定化学腐蚀速度,如果膜是完整的,强度、塑性都很好,膨胀系数和金属相近,膜与金属的黏着力强等,它就有保护金属、减缓腐蚀的作用。如铬和铬的氧化物硬度高,氧化铬膜不易磨掉,发动机活塞环镀铬后,耐腐蚀磨损的性能大大提高。

3.3.2 电化学腐蚀失效机理

电化学腐蚀是两个不同的金属在一个导电溶液中形成一对电极,产生电化学反应而发生腐蚀的作用,使充当阳极的金属被腐蚀。

电化学腐蚀的基本特点是,在金属不断遭到腐蚀的同时还有电流产生。属于这类腐蚀的有:金属在酸、碱、盐溶液及潮湿空气中的腐蚀等。

引起电化学腐蚀的原因是金属与电解质相接触,由于离子交换,产生电流形成原电池,其化学反应为:

$$阳极反应 Fe \longrightarrow Fe^2 + 2e \tag{2-3}$$

$$阴极反应 2H + +2e \longrightarrow H_2 \uparrow \tag{2-4}$$

这种原电池,由于电流无法利用,使阳极金属受到腐蚀,称为腐蚀电池。两种金属制成的零件,由于其电极电位不同,所形成的腐蚀电池称为异类电极电池;同一种金属由于各部位接触的溶液成分不同,如氧的浓度不同或其他浓度差,也可以形成浓差腐蚀电池,如湿式缸套下部的橡胶圈密封处,与垫圈接触的表面均会产生浓差腐蚀电池。当金属表面有氧化膜或镀层时,若氧化膜不完整有孔隙,或镀层有破损、裂纹等,在电解质溶液膜存在的环境下,易形成局部腐蚀电池,也称其为微电池。

金属按电化学机理进行腐蚀时,由于氢离子与阴极电子结合析出氢气,促进阳极腐蚀,这种腐蚀过程称为析氢腐蚀,许多金属在盐酸或稀硫酸中均受到析氢腐蚀。图2-12为钢在电解液膜下的电化学腐蚀过程。铁素体和渗碳体相互接触,组成腐蚀电池,铁素体电极电位比渗碳体低成为阳极遭到腐蚀,而渗碳体作为阴极在其表面析出氢气。

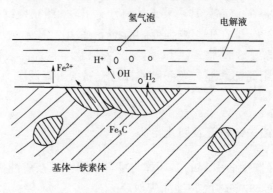

图2-12 钢在电解液膜下的电化学腐蚀

与燃气接触的零件所受的腐蚀为燃气腐蚀。燃气腐蚀可分为低温腐蚀和高温腐蚀,低温腐蚀主要为电化学腐蚀,高温腐蚀主要为化学腐蚀。燃气与冷却条件较好的零件接触,当其温度降到露点以下时,燃气中的水蒸气凝结成水与燃气中的酸酐等形成酸类而形成低温腐蚀,如汽缸套、汽缸盖与喷油嘴等处。直接与高温燃气接触部分如活塞顶、排气门与其座圈、排气管等处都易发生高温腐蚀。

防止电化学腐蚀的方法,在汽车上主要用覆盖层保护。覆盖层有金属性的,如镀铬、镀锡。铬和锡的耐腐蚀性很强,可以保护金属内部。非金属覆盖层用得最广泛的是油漆,其次是塑料。有些零件用化学或电化学方法在表面生成一层致密的保护膜,如发蓝是生成一层氧化膜,磷化是生成一层磷化膜,都是防止电化学腐蚀的有效方法。

3.4 汽车零部件变形失效机理及防止措施

零件在使用过程中,由于承载或内部应力的作用,使零件的尺寸和形状改变的现象称为零件的变形。变形是零件失效的一个重要原因,例如曲轴的变形将影响汽缸、活塞组在汽缸中的正确位置,离合器摩擦片挠曲过大将造成离合器分离不彻底,变速器中间轴与主轴弯曲过大,就会破坏齿轮副的正常啮合等。

零件变形失效的类型有弹性变形失效、塑性变形失效和蠕变失效。

零件在外力作用下发生弹性挠曲,其挠度超过许用值而破坏零件间相对位置精度的现象称为弹性变形失效。此时零件所受应力并未超过弹性极限,应力与应变之间的关系仍遵循胡克定律。材料弹性模量是弹性变形的失效抗力指标。零件的截面积越大,材料弹性模量越高,则越不容易发生弹性变形失效。

零件的工作应力超过材料的屈服极限因塑性变形而导致的失效称为塑性变形失效。经典的强度设计都是按照防止塑性变形失效来进行的,即不允许零件的任何部位进入塑性变形状态。随着应力分析技术的发展,目前在设计中已逐渐采用塑性设计的方法,即允许局部区域发生塑性变形。但采用塑性设计方法时,若应力分析不精确、工作条件估计错误或材料选择不合理时,就有可能发生塑性变形失效。例如花键扭曲,螺栓受载后被拉长(塑性变形)等。在给定外载荷条件下,塑性变形失效取决于零件截面的大小、安全系数值及材料的屈服极限。材料的屈服极限越高,则发生塑性变形失效的可能性越小。

蠕变是指材料在一定应力(或载荷)作用下,随时间延长,变形不断增加的现象。蠕变变形失效是由于蠕变过程不断发生,产生的蠕变变形量或蠕变速度超过金属材料蠕变极限而导致的失效。

上述的零件变形失效除与金属材料、设计刚度和制造工艺有关外,还与使用中的载荷和温度等有关。如安装紧固不当或有明显的超载现象均会造成零件的变形。随着工作温度的升高,材料的强度也会降低,因此在较高温度下工作的零件容易产生变形。如离合器片的挠曲变形,制动鼓、排气歧管的变形等。对于基础件(汽缸体、变速器壳体、后桥壳体等)由于铸造时时效处理不完善,存在着内应力,在使用中因应力重新分配而引起变形。此外,由于修理工艺或方法不正确,例如在焊接时没有对引起的热应力的副作用采取防止措施,也会引起焊后零件的变形。

3.5 汽车零件的老化

橡胶、塑料制品和电子元件等汽车用零件,随着时间的增长,原有的性能会逐渐衰退称为老化。这类元件、制品不论工作与否,老化现象都会发生,如橡胶轮胎、塑料器件等长期储存也会发生龟裂、变硬等老化症状。

表 2-4 是典型汽车零件的工作条件、常见的失效方式及主要的失效抗力指标。

典型汽车零件的工作条件、常见失效方式及主要失效抗力指标　　　表 2-4

零件名称	工作条件												常见失效方式									主要失效抗力指标
	负荷种类			应力状态					磨损	温度	介质	振动	变形	塑断	脆断	表面变化	尺寸变化	疲劳	微动磨损	腐蚀疲劳	蠕变	
	静	疲劳	冲击	拉	压	弯	扭	切	接触													腐蚀	应力腐蚀
紧固螺栓	✓	✓		✓										✓	✓			✓	✓		✓		疲劳、屈服及剪切强度
曲轴	✓	✓				✓	✓		✓				✓			✓	✓		✓		✓		扭转、弯曲疲劳、耐磨性、循环韧性
连杆	✓	✓	✓	✓													✓		✓				拉压疲劳
活塞销	✓	✓						✓	✓	✓							✓		✓				疲劳强度、耐磨性
连杆螺栓	✓	✓	✓									✓		✓			✓						拉压疲劳、缺口偏斜拉压强度、剪切和屈服强度
轴类零件	✓	✓			✓	✓			✓					✓	✓		✓						静强度、弯、扭复合疲劳强度
齿轮	✓	✓		✓	✓		✓										✓	✓	✓				弯曲和接触疲劳、耐磨性、心部屈服强度

39

续上表

零件名称	工作条件													常见失效方式											主要失效抗力指标
	负荷种类			应力状态						磨损	温度	介质	振动	变形	塑断	脆断	表面变化	尺寸变化	疲劳	微动磨损	腐蚀疲劳	蠕变	腐蚀	应力腐蚀	
	静	疲劳	冲击	拉	压	弯	扭	切	接触																
螺旋弹簧		✓					✓							✓	✓		✓	✓		✓			✓		扭转疲劳、弹性极限、受扭弹簧弯曲疲劳
板弹簧		✓				✓								✓	✓				✓				✓		弯曲疲劳、弹性极限
滑动轴承	✓	✓		✓						✓	✓								✓	✓	✓				疲劳、耐磨性、耐蚀性
滚动轴承	✓	✓	✓						✓	✓	✓						✓	✓	✓				✓		接触疲劳、耐磨性、耐蚀性

思考与练习

一、简答题

1. 定性的画出并分析浴盆状故障率函数曲线。
2. 汽车上常见的故障模式有哪些？
3. 说明汽车零件的失效模式及其实例。
4. 说明汽车零部件疲劳断裂失效的分类及机理。
5. 提高汽车零件抗疲劳断裂的方法有哪些？
6. 说明汽车零部件变形失效及其机理。
7. 汽车零件失效的基本原因有哪些？
8. 说明各种类型磨损的内容及特点。

二、选择题

1. 属于损坏型故障模式的是(　　)。
   A. 裂纹　　　　　B. 老化　　　　　C. 磨损　　　　　D. 卡滞
2. 磨损表面有反应物生成膜及颗粒的是(　　)磨损。
   A. 粘着　　　　　B. 表面疲劳　　　C. 腐蚀　　　　　D. 微动
3. 多为表面疲劳磨损的零件为(　　)。
   A. 汽缸壁　　　　B. 活塞　　　　　C. 齿轮副　　　　D. 过盈配合的轴
4. 穴蚀多产生于(　　)。
   A. 汽缸套内壁　　B. 滑动轴承　　　C. 齿轮副　　　　D. 湿式汽缸套外壁

三、判断题（正确画√、错误画×）

1. 汽车在开始使用时发生故障的可能性很大，随着时间的延长故障率会逐渐下降。(　　)
2. 老化、变质、磨损为损坏型故障模式。(　　)
3. 烧蚀、变形为退化型故障模式。(　　)

4. 曲轴断裂、齿轮轮齿折断多属于疲劳断裂类型。（ ）
5. 湿式汽缸套外壁麻点、孔穴则属于老化类型。（ ）
6. 内燃机的铝活塞与缸壁、滑动轴承与轴径出现的擦伤、锥形坑、鱼鳞片状麻点、沟槽,多属于粘着磨损。（ ）
7. 零件的嵌合部件、铆钉连接、螺钉连接、过盈配合的轴出现材料损失的现象则属于腐蚀磨损。（ ）
8. 连杆的主要失效抗力指标为拉压疲劳。（ ）
9. 螺旋弹簧的主要失效抗力指标为拉压疲劳。（ ）
10. 滚动轴承的主要失效抗力指标为接触疲劳、耐磨性、耐蚀性。（ ）

单元三 汽车零件的修复方法

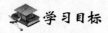 **学习目标**

知识目标

1. 简单叙述各种修复方法的基本概念、原理；
2. 正确描述修理尺寸法的概念、特点、内容；
3. 正确描述不同材料的零件的焊修特点、焊修工艺要点；
4. 简单叙述汽车零件修复方法的选择原则。

能力目标

1. 会分析选择零件修复方法；
2. 会计算零件的修理尺寸；
3. 会根据零件的损伤选择合理的焊修方法；
4. 能解决零件修复的具体技术问题。

1 修复方法的种类

汽车零件损伤后，根据损伤零件的缺陷特征，可以采用不同的修复方法进行修复。零件的各种修复方法，如图 3-1 所示。

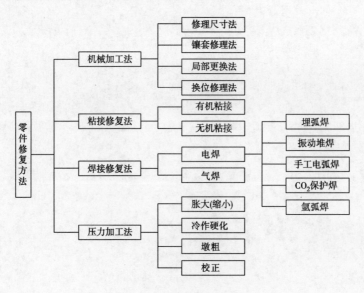

图 3-1 零件修复方法的分类

2 机械加工修复法

机械加工修复法是汽车零件修复中最基本、最常用的一种方法。它包括修理尺寸法、镶套修理法、局部更换法及换位修理法。

2.1 修理尺寸法

对于一些磨损速度快、寿命较短的配合副零件,如汽车发动机汽缸、活塞、活塞环、活塞销、曲轴与轴承、转向节主销孔等,常用修理尺寸法进行修复。以延长零件的使用寿命,降低维修成本。

在零件结构、强度和强化层允许的条件下,将配合副中主要零件的磨损部位通过机械加工,达到规定的修理尺寸,恢复其正确的几何形状和精度。然后,更换相应的配合件,恢复其配合性质,这种方法称为修理尺寸法。

用修理尺寸法修理后,零件的尺寸已不同于原公称尺寸,对孔类零件尺寸增大了,对轴类零件尺寸缩小了。除了尺寸改变外,其配合性质、配合盈隙、形位公差、表面粗糙度、表面机械性能和热处理状态等都没有改变。

2.1.1 修理尺寸的确定

2.1.1.1 修理尺寸的等级与级差。修理尺寸是指零件表面通过加工,形成符合技术文件规定的大于或小于原设计公称尺寸的新的公称尺寸。

为了延长零件的使用寿命,增加修理次数,国家标准制定了各种配合件的修理尺寸等级和级差。并由国家安排相配零件的生产。因此,标准中不同配合副的修理尺寸可分为若干个等级。例如:国家标准规定发动机汽缸与活塞的修理尺寸,汽油机为四级,柴油机为八级,级差为 0.25mm。但不同车型的修理尺寸等级也有所不同。随着技术的发展,零件耐磨性的提高,修理尺寸等级逐渐减少,有些零件甚至没有修理尺寸了。例如,轿车发动机薄壁汽缸套直接更换,已不再留修理尺寸,一些车型经表面强化的曲轴也无修理尺寸了。

2.1.1.2 修理尺寸的确定。零件磨损超过极限,需进行修理时,应先根据零件磨损后的尺寸,结合机械加工余量,确定出修理尺寸。

例如:某发动机汽缸标准直径为 82.51mm,厂家规定两级修理尺寸,级差为 0.25mm。则第一级修理尺寸为 82.76mm,第二级修理尺寸为 83.01mm。测量磨损最大汽缸直径为 82.79mm,加工余量选取 0.20mm,则该汽缸恢复到原正确几何形状的尺寸为 82.79 + 0.20 = 82.99(mm)。该尺寸接近并且小于第二级修理尺寸 83.01mm,则该汽缸修理尺寸应选取第二级修理尺寸,即 83.01mm。

对于轴类零件,可用类似方法计算。

2.1.2 修理尺寸法的应用要点

(1)同组的孔或轴的修理尺寸要按磨损最大的孔或轴来选择。
(2)应根据实际情况选择修理尺寸等级,尽量避免越级使用。
(3)同组的孔或轴的修理尺寸必须一致。例如:同一曲轴的主轴颈或连杆轴颈必须采用同一级的修理尺寸,以保证各相应配合副的修理尺寸一致。

(4)加工时,应先加工磨损最大的孔或轴。因为有时对磨损不均匀的孔或轴的加工余量难以估算准确,先加工磨损大的轴或孔可防止因修理尺寸改变使已加工好的孔或轴返工。

由于零件强度及结构的限制,采用修理尺寸法到最后一级时,零件就应采用其他方法进行修理。不同零件的修理级别由生产企业设计时确定。

注意:为了防止各级修理尺寸的零件混淆,在零件的非工作面上打印有修理尺寸的级别或修理尺寸的代号、尺寸误差分组标记等,也有的涂印在包装上。更换零件时应先细心核对这些标记。

2.2 镶套修理法

在结构和强度允许时,通过机械加工的方法将磨损部分缩小(轴类零件)或扩大(孔类零件)至一定的尺寸。然后,用过盈配合的方法镶入一个套,使零件恢复公称尺寸的修复方法称为镶套修理法。

镶套修理法的优点是:不需要大型设备,加工工艺简单,零件不易变形,质量易保证。

镶套修理法在汽车零件的修理中应用较多。如汽缸套、气门座圈、气门导管、飞轮齿圈、变速器轴承孔、轮毂壳体中滚动轴承的配合孔、壳体零件上的磨损螺纹孔、各类型的端轴轴颈及各种衬套的镶配等。

孔类及轴类零件的镶套,如图3-2所示。

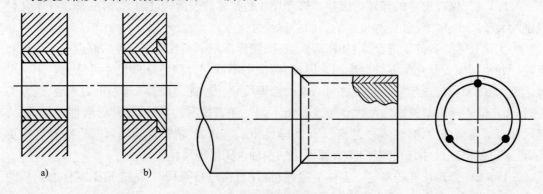

图3-2 零件镶套修理

镶套修理注意事项:

(1)选择镶套材料。镶套的材料要根据镶套部位的技术条件来选择,镶套材料应与基体一致或相近,两者的膨胀系数尽可能相同,尤其气门座圈等在高温下工作的部位。

铸铁零件应采用铸铁套,也可采用钢套。套的厚度应根据选用的材料和零件的磨损量确定。钢套的厚度不应小于2~2.5mm,铸铁套厚度不得小于4~5mm。

根据零件表面的硬度要求,套在加工后可以进行热处理。

(2)选择镶套的过盈量。镶套过盈量应选择合适,必要时要经过强度计算。过盈量太大,易使零件变形或挤裂;过盈量太小,又容易松动和脱落。

根据相对过盈(即过盈量除以镶套的直径)的大小,镶套的配合分为轻、中、重和特重四级。

注意:对重级和特重级,必须验算结合强度和材料的最大应力,并要在经过试验后,再正式使用,以保证镶套可靠。

零件的加工精度和表面粗糙度会影响镶套配合的过盈。加工精度越低和表面粗糙度值越大,配合的实际过盈越小。为了保证准确的过盈量,对零件表面的加工精度和表面粗糙度要求较高,通常采用 IT6~IT8,表面粗糙度 Ra 为 $2.5 \sim 1.25 \mu m$。

(3)修复零件螺纹孔时,若结构允许可先搪大到一定尺寸,并切出螺纹,螺纹的螺距通常与原有螺纹螺距相同。然后将特制的具有内外螺纹的螺纹套旋入零件的螺纹孔中,螺纹套的内螺纹应与原有螺纹孔的螺纹相同,螺纹套可用锁止螺钉固定。直径小于 20mm 的零件用一个锁止螺钉;直径 30~50mm 的零件,安装两个锁止螺钉,夹角 180°;直径大于 120mm 的零件,用三个锁止螺钉固定,夹角 120°。

(4)形状复杂的易损部位,有些在结构上已预先镶套(如汽缸套、气门导管和座圈等),这样在修理时只需更换套筒,因而可简化修理作业,保证修理质量。

2.3 局部更换法

局部更换法就是将零件磨损或损坏部分切除,再用焊接或螺纹连接的方法将新换上的零件与另一部分连在一起,最后加工恢复零件的原有技术性能。

汽车零件在使用过程中,由于各工作表面在使用中磨损不一致,局部损伤严重,其他部位尚可使用,为防止浪费,可采用局部更换法。

零件的局部更换法可获得较高的修理质量,节约贵重金属,但修复工艺较复杂。

2.4 换位修理法

换位修理法就是将磨损或损伤的零件,转过一定的角度或翻面,利用零件未磨损部位,恢复零件的工作能力。

对于磨损的键槽或螺栓孔,可以将其转过一定的角度,重新开槽或打孔,将旧槽或孔填焊,如图 3-3 所示。

例如:飞轮齿圈啮入部位磨损严重时,将齿圈压出翻转 180°。再压入飞轮,利用其未磨损部位工作。

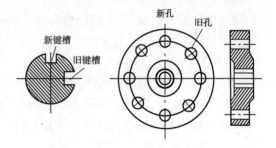

图 3-3 键槽和螺栓孔的换位修理

换位修理法方便易行,成本低。

3 零件变形的校正

由于使用和装配不当,会造成零件的附加载荷以及刚度不足。零件机械加工中产生的残余应力未得到消除。这些因素会导致零件产生弯曲、扭转和翘曲等塑性变形。变形增大了零件的形状和位置误差,破坏了零件间的配合关系,在维修中必须予以校正。

汽车零件修复中的常用校正方法有:压力校正、火焰校正和敲击校正等。

压力校正是利用金属材料的塑性特性,通过外加的静载荷使零件产生反向变形恢复零件正确形状的校正方法。

压力校正多采用室温冷校,若零件材料的塑性较差或尺寸较大,可以适当进行加热。

压力校正适用于连杆、曲轴、凸轮轴等零件的变形校正。

曲轴弯曲的校正,如图3-4所示。

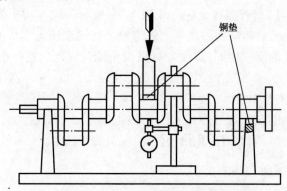

图3-4 曲轴的冷压校正

曲轴两端主轴颈支承于V形块上,轴颈下垫铜垫,将其弯曲部位朝上,用压力机沿曲轴弯曲的相反方向缓慢平稳地向下施压,压头与主轴颈间也垫入铜块,以免损伤主轴颈。百分表靠在被压轴颈下方的中间位置,触头抵在轴颈表面上,以获得准确的反向变形读数。

由于零件通常是先发生弹性变形后发生塑性变形,压校时必须矫枉过正,过正量一般为正向变形量的10～15倍。但不能过大,否则会将曲轴压断,其最大的压校变形量不应超过4mm。当曲轴的弯曲较大时,可分别多次校正。如一次压校变形量过大,会使曲轴表面形成微观裂纹,降低曲轴的疲劳强度,影响使用寿命。

压校速度不宜过快,通常为0.05mm/s,否则会因内应力的骤增而将曲轴压断。在压校变形量达到2.5mm以上时,压校速度应不大于0.01mm/s。

在施压至最大压校量时,压力仍要保持2～4min,以减小曲轴的弹性后效。

在压校过程中,曲轴每变形1.5mm以及卸除压校载荷前应使用铜锤轻击各道曲拐的表面,以减小和松弛内应力。最好在校正后进行低温时效处理,即将曲轴加热到473～523K,保温5～6h,以彻底消除冷压时的内应力。

经冷压校正后的零件,其疲劳强度下降10%～15%,校正次数越多,降低的程度越大。因此,对一些重要的轴件在其使用期限内的校正次数,一般不得多于两次。

对不同材料的曲轴,校正时的要求也不同,球墨铸铁曲轴的塑性较差,材料的屈服极限与强度极限相差甚近,容易断裂,应慎用或不用冷压校正。

4 零件的焊修

焊修广泛应用于修复汽车零件的磨损、破裂、断裂等损伤。它设备简单,修复成本低,焊修强度高、质量好,焊层厚度容易控制。

焊修是利用电弧或气体火焰的热量,将焊丝或焊粉和零件的表层金属熔合,以达到填补零

单元三　汽车零件的修复方法

件的磨损和恢复零件完整性的工艺。

根据使用的热源不同,焊接分为气焊和电焊。电焊又可分为氩弧焊、二氧化碳气体保护焊、埋弧堆焊、电脉冲堆焊、等离子堆焊、激光焊等。

注意:零件的材质不同、结构不同,适用的焊修形式也不同。

4.1　钢质零件的焊修

4.1.1　碳钢零件的焊修

4.1.1.1　低碳钢零件的焊修。低碳钢的可焊性是最好的,用任一种焊法和最普通的焊接工艺都能获得优质的焊接接头。

低碳钢零件焊修注意事项:

(1)熔焊时的填充金属应等于或接近于母材性质。

(2)焊条的选择要根据零件的材料性质和技术要求选用。

(3)在0℃以下的低温环境中焊接厚件时,应预热焊件。

(4)厚度超过50mm的焊件,应进行焊后热处理以消除应力。

(5)电渣焊后应正火以细化热影响区晶粒。

4.1.1.2　中碳钢零件的焊修。中碳钢的可焊性变差,随着含碳量的增加,焊缝易产生裂纹。中碳钢主要采用手工电弧焊和气焊。

中碳钢零件焊修注意事项:

(1)焊接时应尽量减小焊件各部分之间的温度差,适当降低焊后冷却速度。

(2)尽量减少母材在焊缝中的比例以降低焊缝含碳量。

(3)焊前预热。预热温度150~400℃;含碳量越高、厚度越大预热温度越高。当焊件不允许预热时,可采用奥氏体不锈钢焊条,以避免裂纹。

(4)接头处开坡口,采用细焊条、小电流、多层焊。

(5)手工电弧焊时最好采用低氢型焊条。如允许焊缝不与母材等强度,可采用强度等级低的焊条。

4.1.1.3　高碳钢零件的焊修。高碳钢的可焊性较差。焊接特点和中碳钢基本相同。刚度大的焊件焊接过程中应保持预热温度,焊后缓冷或高温回火(650℃)。

4.1.2　普通低合金结构钢零件的焊修

普通低合金结构钢由于合金元素的影响,焊接时可能产生如下缺陷:热影响区形成高硬度的淬硬组织;当结构刚度较大以及在低温下焊接时,热影响区及焊缝都会产生冷裂纹。

普通钢焊接可采用手工电弧焊、埋弧自动焊、气体保护焊或电渣焊。

低等级普通钢的可焊性良好,但随着强度等级的提高,热影响区淬硬倾向增大,但只要焊接工艺得当,仍然可以得到良好的焊接接头。

高等级普通钢的可焊性稍差,焊接时需在预热、焊接规范、焊接材料和焊后处理等方面采取一定的措施。

4.2　铸铁零件的焊修

铸铁为含碳量2.5%~4.0%的铁碳合金。铸铁中除含有Fe和C元素外,还含有Si、Mn、

P、S等元素。汽车维修中所焊修的铸铁零件主要是灰铸铁(如汽缸体、汽缸盖、飞轮壳、变速器壳等)、可锻铸铁(差速器壳)和球墨铸铁(如曲轴)等。

4.2.1 铸铁的焊修特点

由于铸铁中含碳及硅较多,塑性差、脆性大。故焊接性较差,易产生白口和裂纹。

4.2.1.1 白口组织

灰铸铁焊修时,往往会在焊缝和母材交界的熔合面处生成一层白口铁即铸铁中的碳以渗碳体 Fe_3C 的形式存在,断面呈银白色,故称白口铁。由于白口铁质硬而脆,难以进行机械加工,所以在焊修过程中应尽量避免出现白口铁。

防止白口的措施:

(1)热力法。即预热工件,以降低焊缝与基体的温差,减缓冷却速度;采取保温措施,使石墨能充分析出。

(2)采用专用焊条。如非铸铁焊条。也可在焊条药皮中增加石墨化元素,促使碳以游离态石墨存在于铸铁中,防止 Fe_3C 的生成。

4.2.1.2 裂纹

铸铁的抗拉强度及塑性和导热性都很差,零件结构复杂,壁厚不均,在焊接过程中,当焊区膨胀时附近的基体金属阻碍其膨胀,焊区收缩时附近的基体金属又限制其收缩,这样在焊区和母材金属间就会产生很大的应力。导致在焊缝与母材金属的过渡区出现裂纹。若出现白口组织,由于白口铁的脆性高于灰铸铁,更加速焊区产生裂纹。

防止裂纹的措施:

(1)热力法。即焊前预热,减少焊接应力;焊后缓慢冷却,减轻收缩应力。

(2)选用塑性和延展性好的金属焊条。如铜铁焊条,能扩大奥氏体相区的镍铜焊条和镍铁焊条,以及能扩大铁素体相区的高矾焊条等。

(3)采用合理的焊接工艺。如小电流、断续焊和分散焊等工艺措施。

4.2.2 铸铁的焊接方法

焊修铸铁可采用气焊或电焊。按焊件是否预热可分为热焊和冷焊。

气焊就是氧气-乙炔火焰焊。铸铁气焊的优点是熔池金属冷却慢,速度可适当控制,能使焊缝的金属与母材相近似。其缺点是焊接速度慢、零件容易受热变形。

电焊常用的是手工电弧焊。铸铁电焊的优点是施焊速度快、生产率高和零件受热变形小。其缺点是焊缝的机械加工性能比气焊差,焊缝硬而脆。

热焊是将工件预热到 873~973K 后再进行施焊。在施焊过程中温度应保持不低于 673K。热焊既可用于气焊,也可用于电焊。

热焊的焊缝冷却缓慢,焊缝与工件的温差小,能有效地防止白口和裂纹。但是焊件长时间处于 973K 的温度下,零件变形严重;同时工人受到强烈的热辐射,劳动环境恶劣。因此,只有对焊接质量要求高又不便于冷焊的零件,才使用热焊。

冷焊是指工件不需预热或预热温度低于 673K 时的焊接。冷焊既可用于电焊,也可用于气焊。电弧冷焊多选用专用焊条,采取严格的冷焊工艺,不仅可以减轻焊件的变形,还可以提高焊缝的质量。

冷焊时常用手工电弧焊。

冷焊质量不如热焊,但可在各种位置焊接,生产率高,劳动条件也好,故应用广泛。

铸铁焊修用的焊条有气焊铸铁焊条和电弧焊铸铁焊条两大类。

气焊铸铁焊条常用 QHT－1、QHT－2。其断面为边长 4～5mm 的方形。

电焊铸铁焊条常用钢心焊条、铸铁心焊条、高矾焊条、铜基焊条和镍基焊条。铜基和镍基焊条防止白口和裂纹的效果都很好,但镍基焊条成本高。石墨化型铸铁焊条和钢心球墨铸铁焊条均为热焊焊条。

4.2.3 铸铁的焊修工艺

4.2.3.1 电弧冷焊

(1)焊前准备。彻底清除油污、水垢、氧化物、油漆等杂物,检查裂纹方向。在裂纹的两端各钻直径为 3～4mm 的止裂孔并沿裂纹方向开坡口。

(2)施焊。施焊的工艺要点是:小电流、分段焊(每段长度不超过 50mm)和分层焊,并对焊缝不断加以锤击。

施焊电流对焊接质量的影响极大。若电流过大,易产生较厚的白口层,如图 3-5 所示。若电流过小,电弧不稳定,将会导致不易焊透、气孔和夹渣生成过多等缺陷。

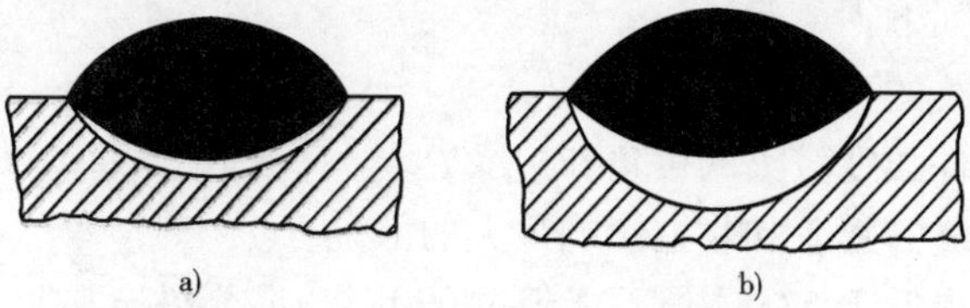

图 3-5 施焊电流对焊缝白口层的影响
a)小电流；b)大电流

分段焊即把一个长的焊缝分成几段施焊,每小段的长度为 10～30mm。每焊完一段趁热锤击焊缝,直到温度降低到用手可触摸时(约 60℃)再焊下一段。锤击的目的是为了消除焊接应力和砸实气孔提高焊缝的致密程度。采用分段焊可减少焊接应力和变形,防止焊区局部过热。长焊与分段焊的应力分布比较如图 3-6 所示。

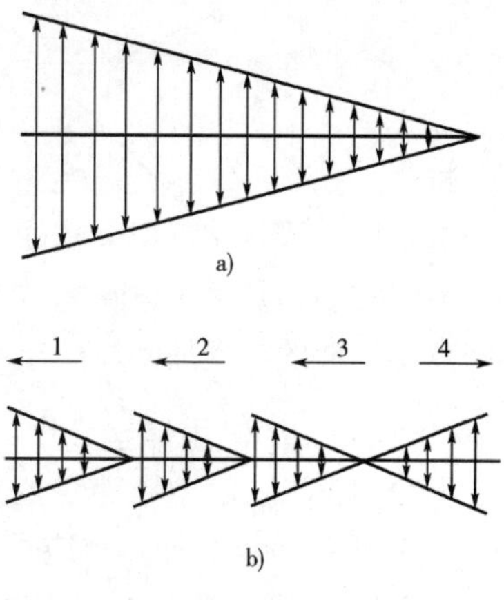

工件较厚时,应采用分层焊,如图 3-7 所示。采用分层焊时,一方面可采用较细的焊条和较小的电流；另一方面后焊的一层对先焊的一层有退火软化的作用。如采用镍基焊条时,可先用镍基焊条焊两层,再改用低碳钢焊条填满坡口,以节约贵重的镍合金。

当工件的裂纹是以边缘向中心部位延伸的,应从里向外施焊,以减小焊接应力和变形。

4.2.3.2 气焊冷焊——"加热减应焊"

(1)加热减应原理。加热减应焊又称对称加热法,即在焊补时另用焊炬对零件的选定部位(减应区)进行加热,以减少焊接应力和变形的工艺。

图 3-6 焊接应力分布
a)长焊；b)分段焊

如图 3-8 所示,对中间带孔零件的断裂区直接焊补时,焊缝很可能被拉裂,或使零件产生较大的变形。如在施焊时对减应区进行加热,焊缝与减应区在受热时一起膨胀,冷却时一起收缩,从而显著地减小了收缩应力,减少焊缝出现裂纹化的可能。

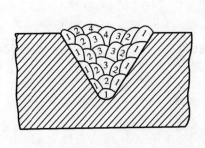

图3-7 分层焊

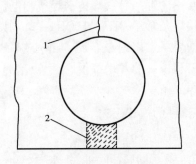

图3-8 加热减应区的选定
1-裂纹;2-减应区

加热减应焊的关键在于正确选择减应区,当减应区加热至773~873K时,如果零件上待焊补的裂纹扩张到1.0~1.5mm,则说明减应区的选择合理;若裂缝紧闭,则为减应区选择不当。

减应区的选择原则如下:
①减应区应选在裂纹的延伸方向。
②减应区应选在零件强度较大的棱角和边缘处。
③减应区应是对焊缝的膨胀和收缩影响最大的部位。

减应区加热温度不得低于673K,但不能超过970K,以防零件金属相变。

(2)施焊要点。
①焊前准备与电弧焊基本相同。所焊部位的厚度超过6mm,要在裂纹处开90°~120°的坡口;若厚度超过15mm,在零件裂纹的两侧表面都要开坡口,如图3-9所示。

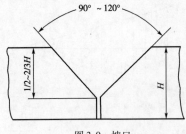

图3-9 坡口

②采用QHT-1和QHT-2焊条。
③根据壁厚选用不同的焊炬和焊嘴。
④焊区用弱碳化或中性火焰,减应区用氧化焰加热。
⑤施焊方向应指向减应区。
⑥焊区尽可能水平放置,以防止铁水流失。
⑦施焊时,先熔化母材,再渗入焊缝,否则将熔化不良。
⑧施焊中随时用焊丝清除杂质,防止气孔和夹渣。
⑨施焊应一次完成,避免反复加热,避免焊接应力过大。

(3)焊接特点。加热减应焊具有气焊和电弧冷焊的优点。因为它是气焊,所以强度高,金相组织和机械加工性能与母材相适应,故焊缝质量高;加热减应能减少焊接应力,零件变形小;不需要复杂的设备和贵重的焊条,成本低。此外,只在零件选定的减应区加热,工人受到的热辐射小,劳动条件得到改善。

(4)应用。发动机汽缸体、气门座孔、变速器壳体等处的裂纹均可采用加热减应焊。

4.3 铝质零件的焊修

4.3.1 铝及铝合金焊接的特点

(1)氧化。铝易氧化成 Al_2O_3,它的熔点高达 2050℃(纯铝熔点只有 657℃),密度大,故容易形成夹渣。

(2)气孔。液态时铝吸收大量氢,固态时又不能溶解氢,同时因铝的密度小和导热好,冷却迅速,以致焊缝中的气泡来不及逸出而形成大量气孔。

(3)裂纹。除纯铝外各种铝合金在焊缝及热影响区都易产生热裂纹。易熔共晶的存在是产生热裂纹的重要原因。此外,铝合金的线膨胀系数比钢约大 1 倍,凝固时的收缩率比钢大 2 倍,在结构刚度较大时,产生较大的焊接应力也是原因之一。

(4)变形。由于铝的膨胀系数大,高温强度小,故极易变形,甚至由于本身自重而弯曲。

4.3.2 焊接方法

由于铝的导热性好,需用大功率加热,热源能量越集中越好。焊修铝质零件时应用最广的是氩弧焊。手工电弧焊因焊接质量不易控制,应用有限。薄件亦可用气焊并需用溶剂(如气剂 401),但焊后应将其残渣从焊件上洗刷干净,以免腐蚀零件。厚壁件宜用电渣焊。

4.3.3 焊接工艺要点

(1)焊前清理。清除焊件表面的氧化膜和油污。用细钢丝刷或刮刀在焊接区刷刮,露出金属光泽后,再用有机溶剂(如汽油、丙酮或松香水等)除去表面的油污。

(2)防止变形。焊前在焊缝下面放置垫板,以保证焊透和防止铝件烧坏或塌陷。

(3)焊件预热。厚度超过 5mm 要预热至 373~573K,防止焊区热量的大量散失。薄件和小件可不预热。

(4)焊后清理。焊后留在焊缝及邻近的残渣会对铝件严重腐蚀,必须及时清理干净。方法是:将焊件在 10%的硝酸溶液中浸洗 10min 后冷水冲洗,再用热空气吹干。

4.3.4 铝合金的氩弧焊

氩弧焊是以不熔化的钨极和焊体分别作为电极,并以氩气保护电弧及溶池的一种电弧焊接法。施焊时,氩气从喷嘴中喷出,在电弧和熔池周围形成连续封闭气流。由于氩离子的阴极破碎作用,有效地去除熔池表面的氧化膜,焊接时不会形成熔渣,不存在焊后残渣对接头的腐蚀。此外,氩气流对焊区有冲刷作用,使焊区迅速冷却,从而能有效地改善焊缝的组织和性能,减轻焊件的变形。

氩弧焊的优点是:改善铝合金的可焊性,保护和防腐性能好,电弧稳定、热量集中、不用焊剂,焊缝平整美观,焊接质量高,零件变形较小等。

氩弧焊多采用手工交流电弧焊,既能利用氩离子的高速破坏焊件表面的氧化膜,又能防止钨极烧蚀和稳定电弧。焊接时,先用高频引弧装置在石墨板或废铝板上引弧,待电弧稳定后再移到焊件上,从右向左进行。

4.4 二氧化碳保护焊

CO_2 保护焊是利用 CO_2 为保护气体的保护焊,简称 CO_2 焊。是应用较为普遍的一种焊接方法。CO_2 保护焊在汽车零件修复中,广泛用于车架、客车骨架的裂缝和接头的焊接以及铸铁基础件的焊修等。

CO_2 保护焊的优点是:成本低,只有手工电弧焊的 40%~50%;生产效率高,比手工电弧焊提高 2.5~4 倍;焊后变形小,因为电弧热量集中、加热面积小,并有气流的冷却作用,特别是薄钢板的焊接更为突出;抗锈能力强,焊前对焊件的清洁工作要求不高。缺点是具有较强的氧化性,焊接中会引起合金元素的烧损,强烈的飞溅和 CO_2 中的水汽化而形成气孔。

5 粘接修复法

粘接修复是应用粘接剂将两个物体或损坏的零件牢固地粘接在一起的一种修复方法。

粘接的基本原理是依靠粘接剂渗入物体表面凹凸不平的孔隙中固化产生机械镶嵌作用;液体胶作用下分子间互相吸引以及粘件和粘接剂分子的互相扩散作用;化学反应产生的化学键作用把它们连在一起。因此,胶粘是机械力、分子力和化学键共同作用的结果。

粘接修复法工艺简单、设备少、修复成本低、不会引起变形和金属组织的变化,因此在机械修复中得到了广泛的应用。

粘接修复法在汽车修理中常用于修复车身零件、粘补散热器水箱、油箱和其他壳体上的穿孔和裂纹,也用于粘接制动蹄、离合器摩擦片及缸体的堵漏等。

粘接剂分无机粘接剂和有机粘接剂。汽车零件粘接修复中常用的有机粘接剂是环氧树脂胶、酚醛树脂胶;常用的无机粘接剂是氧化铜粘接剂。

5.1 有机粘接剂

5.1.1 环氧树脂胶

环氧树脂是一种人工合成的高分子树脂状的化合物。它具有良好的粘接和聚合性能,能与多种材料的表面产生较大的粘接力,是有机粘接剂的主要成分,被称作万能胶。因此,用它配成的胶用途很广泛,能粘接各种金属和非金属材料。

环氧树脂胶粘接剂的优点是粘附力强、固化收缩率小、耐腐蚀、耐油、电绝缘性好和使用方便。它的缺点是脆性大、韧性较差,适合工作温度在 150℃ 以下的工件使用。

环氧树脂本身不能单独作为粘接剂使用,使用时必须加入固化剂、稀释剂、促进剂、增塑剂和填料等。

固化剂是环氧树脂粘接剂中不可缺少的重要成分。因为环氧树脂本身不能固化,就像水泥没有水而不能凝固一样。加入固化剂后环氧树脂由线形结构变为网状立体结构,一般温度下会软化或溶化,不溶于有机溶液,提高了化学稳定性和耐油、耐酸蚀性能。

加入增塑剂是为了提高环氧树脂的抗磨性以及抗冲击韧性,改善操作流动性,便于填充裂纹和孔隙。但增塑剂加入过多会使环氧树脂的耐热性和绝缘性变差。

加入填料是为了减少环氧树脂的用量,提高强度和硬度,降低固化收缩率,增加润滑和绝缘性能。

加入稀释剂是为了降低环氧树脂的黏度,便于操作,延长操作时间。

为了加快固化速度,在一些特殊场合粘接,需加入促进剂。

5.1.2 酚醛树脂

酚醛树脂是由酚类在催化剂中经缩合而得到的一类树脂。它既可以单独使用,也可以和环氧树脂混合使用。

酚醛树脂有较高的粘接强度,耐热性好,但其脆性较大,不耐冲击。汽车修理中常用来粘接制动蹄片及离合器摩擦片。

酚醛树脂与环氧树脂混合使用时,其用量为环氧树脂的30%~40%,同时还要加增塑剂和填料。为了加速固化,可加入5%~6%的乙二胺,这样既改善了耐热性,又提高了韧性。

5.2 无机粘接剂

无机粘接剂常用氧化铜、磷酸和氢氧化铝按一定比例配制而成。

配制方法:将磷酸和氢氧化铝按100∶5准备好,把氢氧化铝倒入器皿,再倒入磷酸,搅拌成均匀的乳白色液体时,将其加热至120~200℃,保温2h后进行缓慢冷却。然后再将氧化铜和配制好磷酸铝溶液按照4(g)∶1(mL)的比例准备好,将氧化铜粉倒在玻璃板或铜板上,倒入磷酸铝溶液,用竹片调制成稀糊状,并注意排除里面的气泡。等调制到能够拉起约7mm的长丝时,即可用于粘接。

氧化铜和磷酸铝调制时要释放热量,使固化速度加快,调制过多或者操作缓慢就会凝固而不能使用,所以每次调制量不宜过多。

氧化铜粘接工艺简单,使用方便,操作容易,耐热好(耐热温度600~900℃)。缺点是粘接脆性大,耐冲击能力差。固化过程体积略有膨胀,宜采用槽接或套接。

氧化铜粘接剂适用于缸体上平面、气门室裂纹、管接头防漏等粘接。

5.3 粘接工艺

(1)表面准备。粘接前应对零件的表面去油、除锈、钻止裂孔、开坡口以及进行必要的粗糙加工,以增加粘接面积,提高粘接强度。

(2)涂胶。涂胶必须迅速,涂抹均匀。以一定压力沿一个方向涂胶,避免气泡夹入胶层。涂胶层的厚度控制在0.1~0.2mm。

(3)粘接固化。固化是粘接工艺的重要环节。在室温下一般需固化24h。适当升高温度效果会更好,但需采用传热加热,切忌用明火直接烘烤。固化时可以适当加压,合适的压力为:使粘接剂始终能够均匀而又紧密地贴合在粘接面上,同时可以促使气泡逸出。对于流动性较差的酚醛树脂粘接剂加压为198~490KPa。流动性好的环氧树脂粘接剂为149~198KPa。

6 汽车零件修复方法的选择

汽车零件修复方法的选择直接影响到汽车零件的修复成本与修复质量。选择汽车零件修复方法时应遵循以下原则:技术上可行、质量上可靠、经济上合理。

(1)应充分考虑零件的工作条件(工作温度、润滑条件、载荷及配合特性等)及其对修复部位的技术要求等,使选定的方法在技术上可行。

(2)应掌握每种修复方法的特点、影响因素及适用范围。

(3)确定零件修复方法时,经济上要合算。

某种零件修复方法的合理性应符合下式:

$$\frac{C_P}{L_P} \leq \frac{C_H}{L_H}$$

式中:C_P——修复成本(包括原材料费、基本工资和其他杂费等);

L_P——制造成本(包括原材料费、基本工资和其他杂费等);

C_H——零件修复后的行驶里程;

L_H——新件的行驶里程。

上式表明,修复件每百千米成本应低于新件,否则就不合算了。但是,衡量是否经济,要以全局观点出发,如配件供应不足,停工待料,虽然修复一个零件经济上不合算,但从缩短停车车日、提高完好率、保证汽车运输方面来看是合理的,也应积极修复。

(4)确定零件修复方法时应考虑企业现有生产设备,当必须采用新的工艺方案时,应进行经济论证,比较不同方案时生产率的增长速度和修复成本。

思考与练习

一、简答题

1. 零件修复方法有哪几种?
2. 机械加工修复法有哪几种?
3. 什么是修理尺寸法?
4. 怎样确定轴类零件的修理尺寸?
5. 铸铁件的焊修特点是什么?
6. 铝合金零件焊接工艺要点是什么?
7. 什么是氩弧焊?
8. 说明粘接修复法的粘接工艺。
9. 选择汽车零件修复方法的原则是什么?

二、选择题

1. 关于修理尺寸法,下面说法不正确的是(   )。
   A. 改变了零件的尺寸   B. 修理尺寸的级差都是 0.25mm
   C. 零件配合性质不变   D. 同组孔或轴的修理尺寸必须一致

2. 关于镶套修理法,下面说法不正确的是(   )。
   A. 镶套后改变了零件的尺寸   B. 镶套材料应尽量与基体一致
   C. 镶套采用过盈配合   D. 配合表面要求加工精度较高

3. 关于铸铁件焊修,下面说法不正确的是(   )。
   A. 易产生白口   B. 既可以用电焊也可以用气焊
   C. 易产生裂纹   D. 冷焊质量比热焊好

4. 用电弧冷焊焊修铸铁件时,不宜采用(   )。
   A. 大电流   B. 分段焊

  C. 分层焊   D. 对焊缝不断锤击

5. 关于对变形零件压力校正,下面说法不正确的是(　　)。

  A. 多采用冷压校正   B. 压力校正是利用零件的塑性

  C. 多次校正后强度不变   D. 校正后应进行低温时效处理

三、判断题(正确画√、错误画×)

1. 采用局部更换法可以节约贵重金属。（　　）
2. 钢质零件含碳量越大可焊性越好。（　　）
3. 加热减应焊时减应区加热至一定温度,若裂纹紧闭,说明减应区选择合适。（　　）
4. 铝质零件使用氩弧焊效果好。（　　）
5. 粘接剂将两个零件粘接在一起是分子力作用的结果。（　　）

单元四 发动机修理

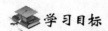
学习目标

知识目标
1. 简单叙述发动机总成大修条件;
2. 正确描述汽缸修理的工艺过程;
3. 正确描述曲轴修理的工艺过程;
4. 正确描述气门间隙的调整方法;
5. 正确描述冷却系统的检验维修项目;
6. 正确描述润滑系统的检验维修项目。

能力目标
1. 会分析汽缸、曲轴的损伤并检验;
2. 会确定汽缸、曲轴修理尺寸、方法、工艺;
3. 会选配曲轴轴承;
4. 会维修气门、气门座及调整气门间隙;
5. 会检查冷却系统密封性并检修主要零件;
6. 会检查润滑系统压力并检修主要零件;
7. 能解决发动机修理中的技术难题。

1 发动机总成大修

汽车发动机总成的基础件和主要零部件的磨损、变形和裂纹,将使发动机的技术性能下降,故障率增加。因此,应将发动机解体并进行修理,恢复其技术状况。

1.1 发动机免拆检测条件

根据视情修理的原则,为防止提前大修造成浪费或推迟大修造成动力不足、运行速度下降、燃润料消耗量上升等不良影响,规定发动机总成符合下述条件时,应进行大修。

(1)测量汽缸压力。汽缸压力大小与发动机的功率密切相关。根据汽缸压力的测量结果,与标准值进行比较,便可判断出汽缸与活塞的磨损情况,气门密封性的好坏,以及汽缸垫是否损坏等。汽缸压力达不到标准值的75%时,应进行发动机大修。

(2)测量发动机功率。发动机功率直接反映发动机的动力性,可使用无负荷测功仪或发动机综合检测仪检查。检测条件为:发动机冷却液温度在80℃以上,点火系统、供油系统正常。当功率测量值小于额定值75%时,应进行发动机大修。

(3)检查发动机异响。发动机有异常声响表明发动机有故障,可用异响检测仪检查或人工判断。根据发动机异响的产生部位,工况及温度对异响的影响,异响的音调、频率、音质和强度等,确定故障原因。发动机典型异响包括:曲轴主轴承异响,连杆轴承异响,活塞敲缸异响,活塞销异响,气门异响等。

(4)测量进气管真空度。进气管内的真空度随节气门开度的大小而变化。进气管真空度的大小可判断发动机的技术状况,确定故障部位。

进气管真空度还与测量地点的海拔有关,海拔越高,进气管真空度越低。

(5)检查汽缸表面及活塞顶状况。当发动机有异响或汽缸活塞组件密封状况不良,缸壁拉伤时,可使用内窥镜对汽缸表面和活塞顶状况进行窥查,为发动机大修提供依据。

条件允许时还可检测曲轴箱窜气量、汽缸漏气量以及废气中的 CO 和 HC 的排放量。

1.2 发动机大修条件

《汽车大修竣工出厂技术条件》(GB/T 3798—2005)规定:当汽缸的圆度误差已达 0.050～0.063mm 或圆柱度误差达到 0.175～0.250mm 时,发动机应进行大修。注意:一些厂家规定按汽缸的极限磨损量作为是否镗磨汽缸的标准,如丰田的 K、R 和 M 系列发动机汽缸的极限磨损量为 0.20mm。

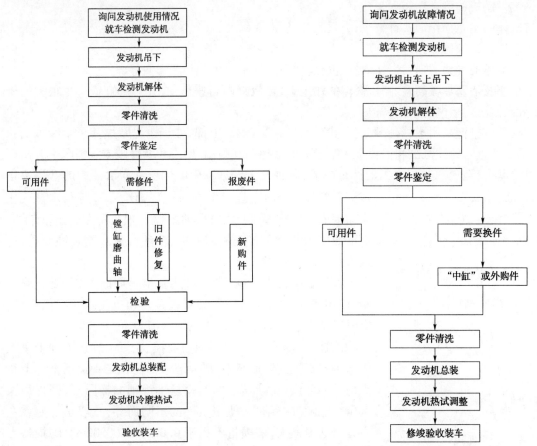

图 4-1 传统的发动机总成大修工艺过程　　　图 4-2 以更换零件为主的发动机总成大修工艺过程

1.3 发动机总成大修工艺

发动机大修是汽车修理的主要作业项目之一。目前采用的发动机大修工艺过程主要有下列两种。

(1) 传统的发动机总成大修工艺过程。

传统的发动机大修工艺特点就是要进行镗缸和磨轴,即对基础件和关键零件进行修理和机械加工,如图 4-1 所示。

(2) 以更换零件为主的发动机总成大修工艺过程。

以更换零件为主的发动机总成大修工艺取消了对汽缸和曲轴的机械加工,如图 4-2 所示。

2 曲柄连杆机构的修理

2.1 汽缸的修理

2.1.1 汽缸的损伤

汽缸的技术状况是发动机是否进行总成修理的决定性因素。作为发动机基础件的汽缸体因其材料、几何形状、制造工艺、工作条件、维修质量等因素的影响,技术状况的变化很复杂,直接影响发动机的可靠性和耐久性。

缸体的主要损伤形式有裂纹、磨损和变形等。

2.1.1.1 汽缸的磨损

汽缸体的主要磨损发生在汽缸、汽缸套承孔、曲轴轴承孔和后端面等部位。

活塞及活塞环在高温、高压气体的作用下,在汽缸内高速运动,并对汽缸壁产生很大的压力,导致汽缸内壁严重摩擦磨损。

由于汽缸壁采用飞溅润滑,润滑状况不好,尤其汽缸上部,处于边界摩擦甚至干摩擦的状态,磨损严重。铸铁汽缸和铝合金活塞组成的摩擦副在高温、爆震和润滑较差等情况下容易产生粘着磨损,造成"拉缸"之类的严重故障,危害最大。进气中的尘埃和润滑油中的磨屑会造成磨料磨损。燃料燃烧后生成的 CO_2、SO_2、NO_2 等与水蒸气化合而生成的矿物酸以及汽缸壁的"冷激"现象和在高温下燃油、润滑油中的酸分所转变成的蚁酸、草酸所造成的腐蚀介质,造成汽缸的腐蚀磨损。

在汽缸磨损中,各种磨损方式基本上同时存在,受维修质量、使用条件、工作条件、燃润料以及发动机技术状况的影响,有时以粘着磨损为主,有时以腐蚀磨损为主。

汽缸正常磨损特点是不均匀磨损:在汽缸轴线方向上呈上大下小的不规则锥形磨损,最大磨损部位在第一道活塞环上止点稍下的部位;在断面上的磨损呈不规则的椭圆形,磨损最大部位往往随汽缸结构、使用条件的不同而异,一般是前后或左右方向磨损最大;磨损量不大于 0.01mm/10000km。磨损特点如图 4-3 和图 4-4 所示。

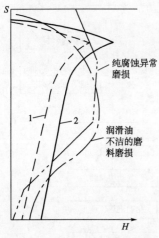

图 4-3 汽缸轴线方向的磨损
1-纵向;2-横向

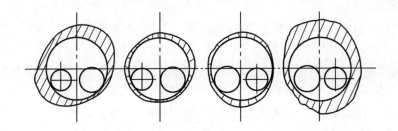

图 4-4 汽缸断面上的磨损

活塞位于上止点位置时,第一道活塞环的背压最大,因此磨损也最大;由于此处活塞环的运动速度几乎为零,布油能力最差,加上润滑油不易飞溅到此处,以及进气流对缸壁局部的冷却和未雾化的燃油颗粒对局部缸壁上润滑油膜的破坏,强化了局部缸壁的"冷激"效应,因此润滑条件最差;在这个部位上,因爆发燃烧的压力、温度最高,燃烧产生的酸性氧化物生成的矿物酸最多,腐蚀磨损严重;进气中的灰尘在此处缸壁上附着较多,加剧了此处的磨料磨损。综上所述,第一道活塞环上止点稍下,与进气道方向对应的缸壁上磨损量最大。但是,曲轴轴向间隙过大、活塞偏缸、缸体变形等故障会改变汽缸的磨损规律,使最大磨损部位转移,出现在汽缸中部或下部。两端的汽缸因其冷却能力较强,进气阻力也大些,磨损量往往比中部汽缸大。因此,测量汽缸磨损时,必须测量包括最大磨损断面在内的活塞全行程上、中、下三个断面,每个断面必须测量四条直径,才能正确地测量出汽缸的最大磨损量以及圆度和圆柱度误差。

汽缸的检验分类技术条件如下:

(1)汽缸的圆度误差达到 0.050~0.063mm;圆柱度误差达到 0.175~0.250mm;最大磨损量有修理尺寸的汽缸达到 0.2mm,无修理尺寸的汽缸(薄型缸套)达到 0.4mm;其中一项达到限值时必须修理或更换汽缸(套)。

(2)汽缸的圆度和圆柱度误差均小于限值,而磨损量小于 0.15mm 时,可更换活塞及活塞环。

2.1.1.2 缸体的变形

汽缸体在使用过程中,部分主要要素的形位误差逾限,称之为缸体变形,缸体变形会造成异常磨损。如汽缸轴线垂直度误差达 0.1mm,汽缸磨损可能增大 40%左右,并严重影响汽缸的密封性,增大机油消耗量。曲轴轴承承孔同轴度误差逾限,轴承下片的磨损量就会按同轴度的逾限量成倍数关系增大。

为了恢复汽缸体主要要素的形位精度,须对缸体进行定位镗缸、导向镗削曲轴轴承(或轴承承孔)和凸轮轴轴承、修整上平面与后端面等综合性修理。

定位镗缸就是以两端曲轴轴承承孔的公共轴线为基准进行镗缸。

导向镗削曲轴轴承承孔即在曲轴轴承镗床上或车床上,利用导向镗心轴,以两端曲轴轴承承孔为基准镗削承孔,校正承孔和轴承的同轴度与承孔的圆度,再用刷镀技术恢复承孔直径。

缸体上平面的平面度可通过铲削或磨削加工修理。

2.1.2 免修汽缸

许多现代发动机采用免修(免镗磨)汽缸,即汽缸无修理尺寸,采用更换"中缸"的工艺方法。

例如丰田雷克萨斯 1UZ – FE 型发动机为 V 形八缸,汽缸体和汽缸盖均由铝合金材料制成,汽缸内镶有铸铁缸套。汽缸修理规范为:

(1)汽缸按内径公差分为三级,每级级差为 0.01mm,用"1""2"和"3"等记号印在汽缸体上平面;相应的活塞也分为三级,记号印在活塞顶上,如图 4-5 所示。汽缸直径与活塞外径尺寸标准见表 4-1。

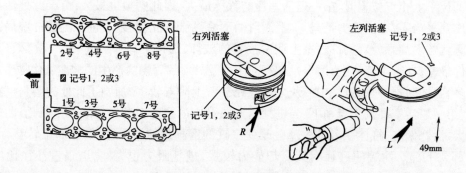

图 4-5　丰田雷克萨斯 1UZ-FE 型发动机汽缸排序及汽缸直径与活塞直径的尺寸记号

汽缸直径与活塞直径的尺寸　　　　　表 4-1

记号	1	2	3
汽缸直径(mm)	87.500 ~ 87.510	87.510 ~ 87.520	87.520 ~ 87.530
活塞直径(mm)	87.470 ~ 87.480	87.480 ~ 87.490	87.490 ~ 87.500

(2)缸套厚度仅有 2mm,不允许进行任何机械加工,也没有修理尺寸的活塞和活塞环等零部件供应。

(3)左、右列汽缸的 V 形夹角为 90°,左、右列汽缸的偏心距为 21mm,汽缸纵向的缸心距为 105.5mm。

2.1.3 汽缸的镗削

2.1.3.1 镗缸设备

常用的镗缸设备为 T716 型单柱金刚镗床,俗称立式镗缸机。它刚度好、加工精度高、生产率高。如图 4-6 所示,由床身、镗架、工作台、变速器、传动系统和操纵机构等部分组成。

2.1.3.2 镗缸工艺基准

镗削汽缸选用的基准通常有三个。

(1)以汽缸体上平面作基准。把移动式镗缸机固定在汽缸体的上平面进行镗缸,此工艺机动灵活,安装方便。但由于镗缸机刚度较差,镗削汽缸的圆柱度误差和圆柱度误差较大,镗削汽缸轴线垂直度误差往往大于 0.12mm,有可能逾限。

(2)以缸体下平面为基准。由于单柱金刚镗床精度很高,缸体下平面变形较小,镗削后汽缸轴线的垂直度误差较小,据统计一般在 0.05 ~ 0.10mm。

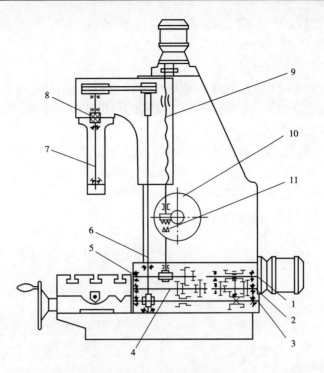

图4-6 T716单柱金刚镗床

1-主动轴;2-中间轴;3-输出轴;4-进给传动轴;5-进给输出轴;6-垂直传动轴;7-主轴;8-离合器;9-进给丝杠;10-手动进给轮;11-进给离合器

(3) 以两端曲轴轴承承孔的公共轴线为基准。在单柱金刚镗床上,以该基准镗缸,汽缸轴线的垂直度误差最小,仅有 0.008～0.050mm。

定位镗缸虽然镗削精度高,但必须使用专门的模具,通用性差。

2.1.3.3 汽缸修理尺寸的计算

汽缸修理尺寸的级数可以用下式计算:

$$n \geqslant \frac{D_{max} - D_0 + X}{\Delta_D} \tag{4-1}$$

式中:n——镗磨后汽缸修理尺寸的级数;

D_{max}——镗削前汽缸的最大直径,mm;

D_0——原厂规定汽缸的标准直径,mm;

X——汽缸的镗磨余量,一般取 0.15～0.20mm;

Δ_D——修理尺寸级差,mm。

将计算出的 n 再圆整成整数值,即是汽缸镗磨后修理尺寸的级数。例如某发动机汽缸,磨损后的 $D_{max}=82.79$mm,原厂规定的标准直径 $D_0=82.51$mm,X 取 0.2mm,则:$n \geqslant (82.79-82.51+0.2)/0.25=1.92$,将 1.92 圆整为整数值 2,即该汽缸应选第二级修理尺寸。

2.1.3.4 镗缸尺寸的计算

汽缸的修理尺寸确定后,根据修理尺寸选配相应的活塞。为保证活塞与汽缸的配合间隙,先测量各缸活塞的实际尺寸并记录,然后根据各缸活塞直径确定各汽缸镗削和珩磨后的实际尺寸。

汽缸镗削后的直径＝活塞裙部的测量直径＋活塞的配缸间隙－汽缸的珩磨余量。

珩磨余量一般取 0.03～0.05mm。

2.1.3.5 刀具材料与切削量

汽缸硬度为 HB180～230 时,粗镗采用 TG6、YG8 硬质合金刀具,精镗采用 YJ2 或 YJ3 硬质合金刀具,切削速度取 125～150m/mim；汽缸硬度为 HB363～444 时,宜采用 YG2 或 YG3 硬质合金刀具,切削速度取 50～75m/min。

粗镗时,第一刀切削深度一般 0.05mm 为宜,因为汽缸在工作中有时会形成表面硬层,若切削深度过小,刀尖容易磨耗,合理的切入深度以汽缸表面无残留黑皮为宜。最后一刀切入深度也以 0.05mm 为宜,过大或小都会影响其表面粗糙度。

走刀量一般为 0.12～0.20mm/r。

汽缸一律采用同心法镗削。

汽缸镗削的质量要求见表 4-2。

汽缸镗削的质量要求　　　　　表 4-2

项　　目	质量要求	项　　目	质量要求
圆度公差(mm)	0.005	汽缸轴线横向位移公差(mm)	0.10
圆柱度公差(mm)	0.01	汽缸轴线纵向位移公差(mm)	0.07
轴线垂直度公差(mm)	0.05	表面粗糙度(μm)	$Ra \leq 16$

注意：当发动机某汽缸产生拉缸故障后,不允许只镗削该汽缸而不镗削其他的汽缸,特别是高压缩比的发动机,各缸必须保持同一级修理尺寸。否则会造成各缸压缩比的不均匀,影响发动机工作的平稳性,增加曲轴的疲劳应力。

2.1.4　汽缸的磨削

2.1.4.1　汽缸的磨削设备

磨削汽缸常用 M4215 立式珩磨机。如图 4-7 所示,由立柱、底座与工作台 6、变速器 2、主轴与涨缩机构 1、操纵机构 7、液压传动系统 4、冷却系统 5、磨头、连杆以及电气设备 8 等组成。

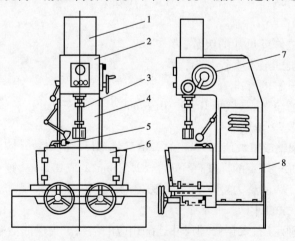

图 4-7　M4215 立式珩磨机

1-主轴与涨缩机构；2-变速器；3-磨头与连杆；4-液压传动系统；5-冷却系统；6-立柱、底座与工作台；7-操纵机构；8-电气设备

2.1.4.2 网纹磨削法

所谓网纹磨削法是指合理的选择珩磨头的往复运动与圆周运动的速度比,以便珩磨后的汽缸表面上的磨纹成为深 0.007~0.010mm、夹角为 50°~60°的网纹磨痕,获得这种磨纹的珩磨工艺称为网纹磨削。网纹磨削在汽缸表面形成的微观交叉沟槽和菱形凸块,在发动机磨合初期,有良好的储油、容屑能力和磨合性能,可以改善汽缸的承压能力和润滑条件,提高汽缸抗粘着磨损的能力。因此汽缸珩磨后的表面粗糙度不宜过高,Ra 在 0.4~0.6μm 为宜,珩磨后不宜再进行抛光。网纹角如图 4-8 所示。

珩磨头的圆周速度一般为 60~70m/min,往复运动速度粗磨时取 15~20m/min,精磨时可取 20~25m/min。

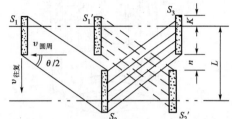

图 4-8 珩磨速度图

2.1.4.3 磨头用砂条

进行网纹磨削,纱条的粒度不宜过细。珩磨铸铁汽缸套常用的砂条规格为 TL280#ZlA SH8×9×100;TL280#ZlA SH10×12×120。

砂条与砂条座用明矾或胶粘固定,砂条安装在珩磨机上后,应对外圆进行修整,使磨头砂条的圆柱度误差小于 0.10mm。

2.1.4.4 砂条的磨削压力

砂条的磨削压力通过珩磨头上的调整盘进行调整,如图 4-9 所示。珩磨铸铁汽缸,砂条的磨削压力粗磨为 0.5~1.47MPa,精磨为 0.3~1.47MPa。砂条磨削压力过小,珩磨头摆振会增大汽缸圆度和圆柱度误差,也会影响纹网的形成。砂条磨削压力过大,由于珩磨时砂条与汽缸接触面积大,磨削温度高,加上磨粒容易钝化,对汽缸产生强烈的挤压,会使汽缸表面的基体金属被挤压到石墨脉络上,形成"覆盖薄皮层",造成汽缸表面硬化、镜面化,引起抗疲劳磨损和抗粘结磨损能力明显下降。覆盖薄皮层是磨合初期拉缸的主要隐患之一。因此,不但要调整好砂条的磨削压力,还要始终保持磨粒的锋利。

在实际操作中,往往以手感检查砂条磨削压力:砂条紧贴汽缸,磨头在其重力作用下不能自由落下,而用手上下移动磨头又无过大的阻力。

2.1.4.5 珩磨头往复行程

汽缸的圆柱度误差在很大程度上取决于珩磨头的往复行程,M4215 立式珩磨机有磨头行程调节机构。珩磨头往复行程与砂条长度有关,应先按汽缸深度选择相应砂条的长度。

珩磨头往复运动行程对汽缸圆柱度误差的影响如图 4-10 所示。在珩磨过程中,若出现汽缸中部直径大于两端直径,说明磨头行程过小,砂条接头间隔过短,砂条在中部重叠珩磨过多所造成的,应将磨头行程调大;反之,将磨头行程调小,减短砂条接头间隔。若出现汽缸上端直径大于中部和下端直径的情况,说明砂条上端越出长度过大,汽缸上端面附近重叠磨削时间相对过长。同时,由于磨头越出量过大而产生振抖,砂条上端外张造成偏斜,也会导致这种情况。应将珩磨头行程适当向下位移;反之,则将磨头行程适当向上调整。

汽缸珩磨中,为预防汽缸烧灼,必须供给充足的冷却液。珩磨铸铁汽缸用的冷却液为煤油加 35% 的机油的混合液。

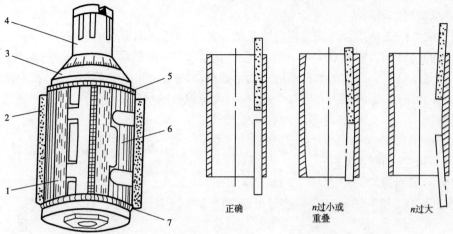

图4-9 珩磨头
1-连接杆；2-砂条；3-调整盘；4-接头座；5、7-箍箕；6-砂条导片

图4-10 珩磨头行程图

汽缸珩磨的质量要求见表4-3。

汽缸珩磨质量要求　　　　　　　　　　　表4-3

项　目	技术条件	项　目	技术条件
圆度公差（mm）	0.005	表面粗糙度（μm）	$Ra \leqslant 0.6$
圆柱度公差（mm）	0.0075	汽缸的配合间隙	符合原厂规定

2.1.5 汽缸的激光表面处理

汽缸的激光淬火是一种表面强化工艺，许多汽车采用激光淬火提高汽缸的耐磨性。这种发动机汽缸不镶缸套。汽缸磨损逾限后，进行镗缸修理，汽缸表面强化层就会被镗削殆尽，汽缸表面硬度由 HRC62 以上下降到相当于 HRC24 左右，汽缸的磨损率由不大于 0.01mm/10000km 剧增至 0.06mm/10000km 以上，使大修发动机使用寿命仅有 50000～60000km。采用镗缸后激光淬火表面处理技术，可使汽缸的磨损率下降到小于 0.01mm/10000km。使用寿命可达 150000km 以上。

激光束具有能量密度高的特点，能将汽缸表面瞬时(1/100～1/1000s)加热到奥氏体化温度以上，而热量又立即向基体内外迅速传导，冷却速度高达 274.7×10^4K/s，加热点的汽缸表面急速自行冷却，转变为超细化马氏体组织和少量残留奥氏体与片状石墨。由于加热速度极快，汽缸表面金属晶格位错密度高，汽缸表面进一步硬化，使汽缸表面硬度由原来的 HRC20 左右提高到 HRC56～62，淬硬层厚度可达 0.2mm 以上。

基本上能适应各种铸铁汽缸激光淬火的工艺参数如下：
（1）激光输出功率：1200～1500W。
（2）激光头扫描速度：20～40mm/s。
（3）光斑直径：3～5mm。
（4）离焦量：20～40mm。

激光束的扫描模型采用单线变螺距、上密下疏的螺旋扫描的淬火花样。在距缸口40mm

范围内,采用间距为 0.5~0.8mm 的密螺线扫描,在距缸口 40mm 以下的部位,采用间距为 1~1.5mm 的疏螺线,螺距逐渐变大的新模型。这样可以增大上止点以下附近区域的淬硬面积的比例,提高该区域的耐磨性。淬硬层带宽度 4mm,淬硬层带间的软带层宽 0.5~1.0mm。激光淬火后,汽缸直径会缩小 0.01mm 左右,因此汽缸的激光淬火应在汽缸粗磨之后进行,淬火后再进行精磨。为了改善汽缸表面的受光能力,加强淬硬效果,激光淬火前必须清洁汽缸表面,并对汽缸进行磷化处理或发黑处理。

2.2 曲轴的修理

2.2.1 曲轴的损伤

2.2.1.1 曲轴轴颈的磨损

曲轴主轴颈和连杆轴颈在径向磨成椭圆形,轴向磨成锥形。轴颈表面还可能出现擦伤和烧伤。

(1)主轴颈和连杆轴颈径向磨损最大部位一般位于两轴颈相互靠近的一侧。

(2)连杆轴颈轴向成锥形磨损是由于通往连杆轴颈的油道是倾斜的,曲轴旋转时,机械杂质在离心力的作用下,偏积在连杆轴颈一侧,因而加速了这一端轴颈的磨损。此外,连杆弯曲、连杆大头不对称结构等原因,造成轴颈受力不均匀都会使轴颈沿轴向呈不均匀磨损。

(3)由于机油不清洁,其中较大的机械杂质在轴颈表面划成沟痕。烧瓦后,轴颈表面会出现严重的擦伤划痕,轴颈表面烧灼变成蓝色。造成擦伤和烧伤。

2.2.1.2 曲轴弯曲与扭曲变形

若主轴颈的同轴度误差大于 0.05mm,称为曲轴弯曲。曲轴弯曲变形后,将加剧活塞连杆组和汽缸以及曲轴和轴承的磨损,甚至加剧曲轴的疲劳折断。

若连杆轴颈分配角误差大于 0.5°,则称为曲轴扭曲。曲轴的扭曲变形,影响发动机的配气正时和点火正时。

2.2.1.3 曲轴的断裂

曲轴的裂纹多发生在曲柄与轴颈之间的过渡圆角以及油孔等应力集中处。前者是横向裂纹,严重时将造成曲轴断裂;后者多为轴向裂纹。曲轴变形和修磨不慎也会使过渡区的应力陡增,加剧曲轴的疲劳断裂。

2.2.1.4 曲轴的其他损伤

曲轴的其他损伤有:曲轴前后油封轴颈的磨损、曲轴后凸缘固定飞轮的螺栓孔磨损、凸缘盘中间支承孔磨损,以及皮带轮轴颈和凸缘圆跳动误差过大等。

2.2.2 曲轴的检验

主要包括裂纹检验、变形检验和磨损检验。

2.2.2.1 裂纹的检验

曲轴清洗后,首先应检查有无裂纹。一般用磁力探伤法或浸油敲击法进行裂纹的检验。

2.2.2.2 曲轴弯曲的检验

弯曲检验是以两端主轴颈的公共轴线为基准,检查中间主轴颈的径向圆跳动误差。如

图4-11所示。检验时,将曲轴两端主轴颈分别放置在检验平板的V形块上,将百分表触头垂直抵在中间主轴颈上(与两端主轴颈相比较,因中间主轴颈两侧汽缸进气阻力最小,中间主轴颈负荷最大,因而往往在此处的弯曲呈最大),慢慢转动曲轴一圈,百分表指针所示的最大摆差,即为中间主轴颈的径向圆跳动误差值,若大于0.15mm,则应进行压力校正。低于此限可结合磨削主轴颈予以修正。

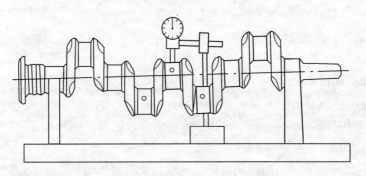

图4-11 曲轴弯曲变形的检验

2.2.2.3 曲轴扭曲变形的检验

将第一、四缸连杆轴颈转到水平位置,用百分表分别测量一、四缸连杆轴颈至平板的距离,求得这同一方位上两个连杆轴颈的高度差ΔA,扭转变形的扭转角可由下式求出:

$$\theta = \frac{360\Delta A}{2\pi R} = \frac{57\Delta A}{R}$$

式中:R——曲柄半径,mm。

若扭转角大于0.5°可进行表面加热校正或敲击校正。

2.2.2.4 曲轴轴颈磨损的检验

经探伤检查允许修复的曲轴,进行轴颈磨损量的检查,首先观察轴颈有无磨痕和损伤,再测量主轴颈和连杆轴颈的圆度误差和圆柱度误差。

曲轴轴颈较短时以检验圆度误差为主,对长轴颈则必须检验圆度与圆柱度误差。曲轴主轴颈和连杆轴颈的圆度、圆柱度误差不得大于0.025mm,超过该值,则按修理尺寸对轴颈进行磨削修理。

2.2.3 曲轴磨削的技术条件

(1)若轴颈的圆度、圆柱度误差<0.025mm,且表面无其他类型的损伤,径向圆跳动误差≤0.15mm时,可直接使用,不需修磨。

(2)若轴颈的圆度、圆柱度误差<0.025mm,且表面无其他类型的损伤,径向圆跳动误差>0.15mm时,需校直。

(3)若轴颈的圆度、圆柱度误差≥0.025mm或有其他类型的损伤,径向圆跳动误差≤0.15mm时,可直接修磨并通过修磨校正变形。

(4)若轴颈的圆度、圆柱度误差≥0.025mm或有其他类型的损伤,径向圆跳动误差>0.15mm时,必须先进行校正至<0.15mm才能进行修磨。

2.2.4 免修曲轴

某些采用软氮化工艺强化的曲轴,表面硬度为HRC64~67,不仅具有很好的耐磨性,还具有极好的抗黏着、抗擦伤性能,而且疲劳强度可提高 60% 左右,强化层的深度可达 0.20mm。因此,这种曲轴无修理尺寸,称为免修曲轴。

检验时用有机溶剂洗净表面,再喷洒 5%~10% 的氯化铜溶液。待 30~40s 后,若不改变颜色可继续使用(轴颈的圆度误差必须在公差范围内)。若溶液由浅蓝色变为透明,轴颈表面变为铜色,说明强化层已磨损耗尽,则应更换新轴。在使用维修过程中,应注意此种曲轴的轴承间隙一般不得大于 0.08mm,使用极限不得大于 0.12mm。

2.2.5 曲轴轴颈的磨削设备

曲轴轴颈的磨削修理是在专门的曲轴磨床上进行的。MQ8260 型曲轴磨床如图 4-12 所示。

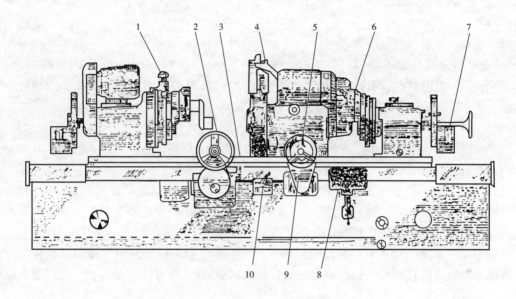

图 4-12 MQ8260 型曲轴磨床
1-左卡盘定位手柄;2-工作台纵向移动手轮;3-工作台机动、手动选择手柄;4-冷却液开关;5-横向进给手轮;6-右卡盘定位手柄;7-配重块;8-按钮台;9-横向进给刻度盘调整手柄;10-砂轮架快速进退手柄

2.2.6 曲轴轴颈的磨削

2.2.6.1 修理尺寸的确定

曲轴主轴颈和连杆轴颈的修理尺寸,是根据曲轴轴颈前一次的修理尺寸、磨损程度和磨削余量来确定的。

具体修理尺寸应根据原厂规定要求确定。在保证磨削质量的前提下,应尽可能选择最接近的修理尺寸级别,以延长曲轴的使用寿命。曲轴的主轴颈和连杆轴颈,应分别磨削成同一级别的修理尺寸,以便于选配轴承,保证合理的配合间隙。

由于受汽车报废里程的限制以及曲轴轴颈耐磨性的提高,修理尺寸等级比以前有所减少。如丰田、桑塔纳汽车已减少至三级,轴颈最大缩小 0.75mm。

2.2.6.2 曲轴磨削定位基准的选择

磨削曲轴时定位基准对修磨质量影响很大。定位基准选择不当或选用了有损伤的定位基准,修磨后曲轴的中心线改变,破坏了曲轴原有的平衡,使发动机在工作中的振动增大,加速零件磨损,并会引起正时齿轮发响,曲轴油封漏油,严重影响发动机的使用寿命。因此,定位基准不但要选择合适,而且要仔细检查,如有损伤须经修整后才能使用。

曲轴修磨时一般选用曲轴加工制造时的定位基准,即原始基准。习惯上采用曲轴凸缘外圆柱面、正时齿轮轴颈,后端轴承座孔及前端的中心孔为修磨时的定位基准。必须指出,选择、修整定位基准时,应根据其具体结构及损伤情况,经综合分析而定。

实践证明,磨削曲轴时,以变速器第一轴前轴承承孔与曲轴正时齿轮轴颈的公共轴线作为基准比较合理。即曲轴后端装卡在磨床主轴端,前端装卡在尾架端。主轴端以曲轴凸缘上的变速器一轴轴承承孔作基准,用专用顶尖、拨盘装卡。尾架端用三爪卡盘卡紧在曲轴正时齿轮轴颈上,以该轴颈为基准,但必须限制卡紧长度不得大于10mm,以减小夹紧造成的弯矩。

2.2.6.3 砂轮材料与冷却液

砂轮材料为棕刚玉(GZ),粒度40~50,采用陶瓷粘接剂(A),硬度中软(ZR1~ZR2)。

磨削时必须用过滤后的冷却液对轴颈进行充分冷却,以防止轴颈表面退火。冷却液一般为2%~3%的苏打和少量肥皂的水溶液。

2.2.6.4 曲轴主轴颈的磨削

磨削曲轴时,一般应先磨削主轴颈,后磨削连杆轴颈。以便以磨削后的主轴颈中心线为基准检查和确定曲柄的回转半径。

(1)安装曲轴。以变速器第一轴导向轴承孔和正时齿轮轴颈为安装基准。检查、验证主轴颈轴线与磨床主轴中心线的重合程度。即把百分表顶在正时齿轮轴颈未磨损或磨损较小的表面,百分表的摆动量超过0.05mm时必须调整、找正。

(2)校正主轴颈与磨床旋转轴线的同轴度。先用水平校正样板调整主轴颈轴线在水平面内,再用垂直校正样板调整主轴颈轴线在垂直面内。夹紧后,检查并校准前、中、后三道主轴颈的径向圆跳动误差,应不大于0.15mm。

(3)修磨砂轮。砂轮圆角半径应符合原厂设计,一般为$R2.5~3$mm,曲轴磨削时应选用上限。

(4)磨削主轴颈。一般先磨削中间主轴颈,最后磨削两端主轴颈。所有主轴颈必须在一次安装后磨完,不允许在磨削中途松动夹具或再次装卡。

如果轴颈的磨削量较大,可分成粗磨和精磨两步进行。

粗磨时最好采用横向切入(径向进刀),如图4-13a)所示。这样进给量较大,缩短磨削时间,生产率高。在磨削时边磨削边测量、以免磨削过量。粗磨结束时留下0.03~0.05mm的精磨余量。

精磨时采用纵向进给(轴向进刀),如图4-13b)所示。以便磨去轴颈表面粗磨时的砂轮磨痕。精磨结束前,应使砂轮在没有径向进刀下,在轴颈长度上往复空走一两次,以降低轴颈表面粗糙度值。

磨削结束时应对轴颈进行技术检验:尺寸精度应符合要求,圆度、圆柱度误差不能超过0.01mm。

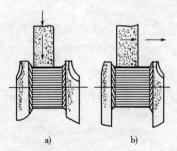

图4-13 磨削时的进刀方法

曲轴主轴颈磨削后,应视情修磨曲轴凸缘。

粗磨和精磨的磨削规范参见表4-4。

磨 削 规 范　　　　　　　　表4-4

加工方法	曲轴转速（r/min）	砂轮圆周速度（m/s）	横向切入法进给量（mm/次）	纵向进给法	
				横向进给量（mm/次）	纵向速度（mm/s）
粗磨	30~70	25~30	0.02~0.05	—	—
精磨	30~70	30~40		0.005~0.01	<7~10

2.2.6.5　曲轴连杆轴颈的磨削

(1) 调整曲柄半径。在不改变曲轴安装形式的条件下,利用花盘丝杠将卡具与曲轴一起位移,使待磨削连杆轴颈轴线与曲轴磨床主轴的旋转轴线一致。主轴颈的位移量等于曲柄半径。

(2) 检查校准连杆轴颈与磨床旋转轴线同轴度。用垂直校正校板检查并调整同位连杆轴颈的位置,连杆轴颈与垂直校正样板的间隙应不大于0.075mm,两连杆轴颈与垂直校正样板的间隙差不得大于0.02mm。

(3) 检查曲柄半径。在磨床上用高度游标卡尺检查两端主轴颈的回转半径 R',应与原设计的曲柄半径相等。

$$R' = \frac{H_2 - H_1}{2}$$

式中：H_1——主轴颈在最低位置时最高点至工作台的高度；

H_2——主轴颈在最高位置时最高点至工作台的高度。

(4) 调整配重。分别移动头架、尾架配重块,直至曲轴可静止在任何位置为止。

(5) 依次磨削所有的连杆轴颈。连杆轴颈必须采用同心法磨削。同位连杆轴颈的分度,是利用头架和尾架花盘上的分度装置,将各组同位连杆轴颈依次转过规定分配角,其分度误差不得大于0.5°。然后按上述方法磨削其他连杆轴颈。

连杆轴颈磨削后要求连杆轴颈轴线与主轴颈轴线的平行度误差应不大于0.01mm。连杆轴颈轴线与主轴颈轴线的距离,应符合原厂规定。

磨削连杆轴颈时应尽量减小曲柄半径的增加量,以保证同位连杆轴颈轴心线的同轴度误差不大于±0.10mm。这样利于保证曲轴的动平衡,防止引起压缩比的增加,提高发动机工作的平稳性。

连杆轴颈磨削时,从工艺上应注意：

①应以磨削后的主轴颈作为基准,使连杆轴颈中心线与磨床主轴中心线相重合。

②位移曲轴中心线偏离磨床主轴中心线时,其偏移量为曲柄半径距离,可用磨床三爪卡盘上的刻度尺读得初调数值。调整配重装置,其平衡质量与偏移质量力求相等。

③校正同位连杆轴颈。由于曲轴的扭曲变形或连杆轴颈磨损相差较大,当曲轴经过初步调整位于水平位置后,还要用K形规的一面靠合,另一面若有间隙,则表示曲轴有扭曲。如曲轴发生扭曲的数值在允许范围内,可微量转动曲轴使轴颈在K形规两侧的间隙相等。这样调整后此连杆轴颈磨削量将减少,而另一轴颈的磨削量增加,如图4-14所示。

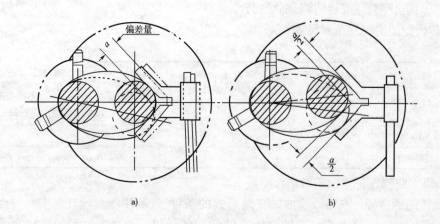

图 4-14 用 K 形规检查同位连杆轴颈

经过这样调整磨削后,曲柄夹角变化最小,对于活塞到达上止点的时间,配气相位和点火时刻影响最小,有利于保证发动机的功率。

④复查回转半径。用同心法磨削连杆轴颈时,为了保证曲柄半径的准确,在安装调整连杆轴颈后,应进行曲柄半径的复查。

复查的方法如图 4-15 所示,以床面为基准,用游标高度尺测量主轴颈处于最高和最低位置之差值的一半为曲柄半径,当测得的实际曲柄半径与标准曲柄半径有偏差时,应重新进行调整。

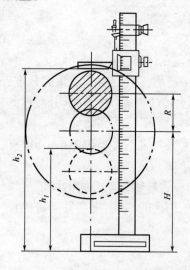

图 4-15 曲轴回转半径的检查

经过上述调整后,即可磨削连杆轴颈。一般是先磨削两端的同位连杆轴颈,因为它的扭转变形量最大。当同位的两个连杆轴颈磨完以后,再按曲轴的分配角,利用磨床的分度机构转动曲轴,将另一对连杆轴颈转到机床主轴中心位置,用同样方法进行调整和磨削。

2.3 轴承的选配

轴承的选配包括曲轴轴承的选配和连杆轴承的选配,是现代发动机修理的重要内容。典型的轴承选配方法有计算法、查表法等。

2.3.1 轴承间隙的检测

2.3.1.1 塑料测隙条方法

使用塑料测隙条方法判断轴承间隙。由于塑料测隙条材料溶于机油,确保轴颈和轴承没有机油或溶剂。在轴承轴颈总长度上安装一片塑料测隙条。把轴承盖安装到原来位置。拧紧螺栓到规范值。安装塑料测隙条时,切记不要旋转曲轴。

拆下轴承盖,将测隙条的宽度与条盒上的刻度相比较,以判断轴承间隙。把曲轴旋转90°。重复检测过程,可以检查轴颈的同轴度。

2.3.1.2 千分尺和伸缩规方法

拆下曲轴,把轴承和轴承盖安装到汽缸体的原来位置,拧紧螺栓到规范值;把轴承和轴承盖安装到连杆上,拧紧螺栓到规范值。用伸缩规和千分尺或内径千分尺测量连杆大头孔和主轴承孔的内径。把相应的轴承孔直径减去相应曲轴轴颈直径就是轴承间隙。

2.3.2 轴承的计算法选配

丰田雷克萨斯1UZ-FE型发动机的曲轴,有四道连杆轴颈,即左、右两个汽缸的活塞连杆组的连杆装在同一连杆轴颈上;曲轴由五道主轴承支承在曲轴箱内,主轴承用铜铅合金制成,维修时采用选配方式,不允许进行任何加工。

2.3.2.1 连杆轴承的选配

连杆轴颈与轴承的配合间隙为 0.027～0.053mm,使用极限为 0.065mm。若配合间隙大于极限值,应更换连杆轴承,必要时更换曲轴。

连杆轴承的选配方法如图 4-16 所示,在连杆盖和曲轴第一道连杆轴颈的曲柄上标注有号码,将两号码相加,然后参考表 4-5,选择与上述所加总数相同的轴承号码。供选配的标准连杆轴承有 6 个尺寸。

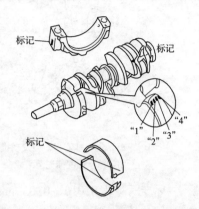

图 4-16 雷克萨斯1UZ-FE 型发动机连杆轴承选配标记

连 杆 轴 承 选 配　　　　　　　　表 4-5

零件名称	标注号码											
连杆盖	1	1	2	1	2	3	2	3	4	3	4	4
曲轴	1	2	1	3	2	1	3	2	1	3	2	3
轴承	2		3			4			5		6	7

例如:连杆盖为"3" + 曲轴为"1" = 总数"4",则使用"4"号轴承。

2.3.2.2 曲轴轴承的选配

曲轴主轴颈与轴承的配合间隙为 0.026～0.045mm,使用极限为 0.055mm。若配合间隙大于极限值,应更换曲轴轴承,必要时应更换曲轴。

曲轴轴承的选配方法:如图 4-17 所示,在汽缸体下平面的后端和曲轴第五道主轴颈的曲柄上汽缸体上,分别标注有主轴承座孔和曲轴主轴颈的尺寸号码。将标注号码相加,然后参考表 4-6,得出选配轴承号码。供选配的标准轴承有五个尺寸。

例如:缸体(A)为"06" + 曲轴(B)为"08" = 总数"14",则使用"3"号轴承。

曲 轴 轴 承 选 配　　　　　　　　表 4-6

零件名称	总　　数				
缸体(A) + 曲轴(B)	0～5	6～11	12～17	18～23	24～28
选用轴承	1	2	3	4	5

2.3.3 丰田卡罗拉1ZR – FE、2ZR – FE 发动机曲轴轴承的选配

2.3.3.1 曲轴主轴承的选配

用塑料间隙规测量曲轴主轴颈径向间隙,如图 4-18 所示。

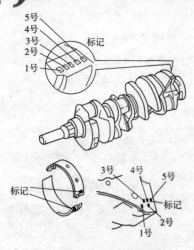
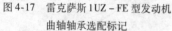

图 4-17　雷克萨斯 1UZ-FE 型发动机曲轴轴承选配标记

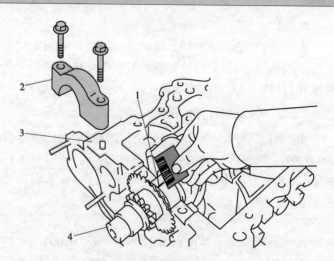

图 4-18　塑料规测量曲轴径向间隙
1-塑料间隙规；2-轴承盖；3-曲轴；4-汽缸体

标准间隙为 0.016~0.039mm，最大间隙为 0.050mm。如果超出最大值，则更换曲轴轴承。如有必要，则更换曲轴。更换曲轴轴承时，应选择与原轴承号码相同的新轴承。

轴承号码标于轴承背面一端，如果旧轴承的标号模糊不清无法确定，则将汽缸体和曲轴上压印的号码相加，以计算正确的轴承号码。如图 4-19 所示。

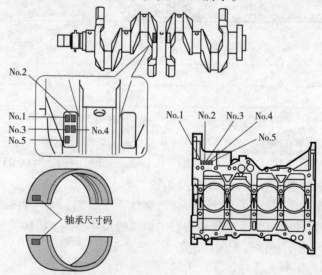

图 4-19　轴承、汽缸体及曲轴上号码压印位置

轴承尺寸号码选择方法如下：

标准曲轴主轴颈尺寸分 6 级，见表 4-7。

表 4-7　标准曲轴主轴颈尺寸

标记	规定尺寸（mm）	标记	规定尺寸（mm）
0	47.999~48.000	3	47.993~47.994
1	47.997~47.998	4	47.991~47.992
2	47.995~47.996	5	47.988~47.990

标准汽缸体轴承孔尺寸分7级,见表4-8。

标准汽缸体轴承孔尺寸　　　　　　　　　　表4-8

标记	规定尺寸(mm)	标记	规定尺寸(mm)
0	52.000~52.003	4	52.010~52.012
1	52.003~52.005	5	52.012~52.014
2	52.005~52.007	6	52.014~52.016
3	52.007~52.010		

标准轴承中心壁厚分4级,见表4-9。

标准轴承中心壁厚　　　　　　　　　　表4-9

标记	规定尺寸(mm)	标记	规定尺寸(mm)
1	1.994~1.997	3	2.001~2.003
2	1.998~2.000	4	2.004~2.006

计算方法见表4-10。

轴承号码计算方法　　　　　　　　　　表4-10

汽缸体轴承孔尺寸号码(A)+曲轴主轴颈尺寸号码(B)	0至2	3至5	6至8	9至11
应选轴承号码	1	2	3	4
例:A=4,B=3。A+B=7 应选轴承号码为3			7	

2.3.3.2 连杆轴承的选配

用塑料间隙规测量曲轴连杆轴颈径向间隙,标准间隙为0.030~0.062mm,最大间隙为0.070mm。如果超出最大值,则更换曲轴轴承。更换连杆轴承时,应选择与原轴承号码相同的新轴承。

轴承号码标于轴承背面一端,如果旧轴承的标号模糊不清无法确定,则检查连杆盖上压印的号码,以确定正确的轴承号码。如图4-20所示。

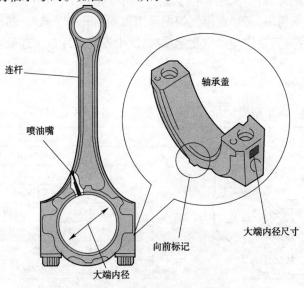

图4-20　连杆盖上号码压印位置

连杆轴承尺寸号码选择以连杆大端内经尺寸号码为依据选择与之相同的号码。

标准曲轴连杆轴颈尺寸为43.992~44.000mm,标准连杆大头孔尺寸见表4-11。

标准连杆大头孔尺寸　　　　　　　　　　　　　　　　表4-11

标记	规定尺寸(mm)	标记	规定尺寸(mm)
1	47.000~47.008	3	47.017~47.024
2	47.009~47.016		

标准连杆轴承中心壁厚分4级,见表4-12。

标准连杆轴承中心壁厚　　　　　　　　　　　　　　表4-12

标记	规定尺寸(mm)	标记	规定尺寸(mm)
1	1.489~1.493	3	1.498~1.501
2	1.494~1.497		

3　配气机构的修理

3.1　气门与座孔的修理

3.1.1　气门磨削

在几个部位测量气门杆外径以确定其磨损量。如果不符合规范,应更换气门。还应测量气门外径厚度,如果气门外径厚度小于规定值,气门将会烧损,必须更换气门。对于镀钨铬钴合金涂层气门,不允许加工,须在气门座内研磨。

用气门磨床重新修整气门,使其达到相应的角度规范。规范要求的气门表面角度可能与气门座表面的角度不同。磨削后再测量气门外径厚度,如果不符合规范,应更换气门。

用气门磨床修整气门杆顶部表面。

为了改善导热性能,有些发动机的排气门采用了钠冷气门(如捷达EA113五气门发动机)。维修时应注意:钠冷气门不允许进行磨削。当废弃钠冷气门时,为了保护环境,不允许将排气门直接作为废品扔掉,必须在排气门中部用钢锯锯开一个缺口,然后放入一个充满水的桶中,充注在其内部的钠就会立即产生化学反应,发生燃烧。经过上述处理后的排气门才能作为普通废品处理。

3.1.2　气门座磨削

奥迪(Audi)A6用AEB型发动机气门座的磨削数据如图4-21所示。

图标	尺寸	进气门座	排气门座
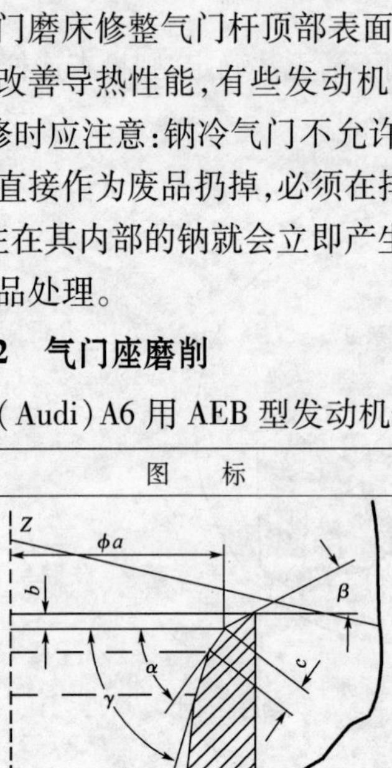	a	$\phi 26.2$mm	$\phi 29.0$mm
	b	最大允许修整尺寸	
	c	1.5~1.8mm	约1.8mm
	Z	汽缸盖底面	
	α	45°气门座锥角	45°气门座锥角
	β	30°上修正角	30°上修正角
	γ	下修正60°角	下修正60°角

图4-21　奥迪A6用AEB型发动机气门座的磨削数据

磨削气门座应选择尺寸与角度正确的砂轮,确认砂轮安装正确且表面平整。根据气门导管尺寸选择正确尺寸的导向器,把导向器装入气门导管内,润滑导向器,把砂轮装在导向器上。选择细砂轮进行磨削。根据需要,用30°和60°的砂轮给气门座定中心或使其变窄。

3.1.3 气门研磨

一些气门使用的硬化表面与材料不允许研磨,防止研磨除去硬化表层。

研磨气门可以使气门锥面与气门座充分密封。在气门与气门座之间涂抹一薄层细研磨膏,研磨气门直到气门座表面平整、光滑。清除研磨膏,检查气门与气门座之间的同轴度。

3.1.4 气门座同轴度

把百分表的导向杆装入气门导管内,百分表触头置于气门座上。将百分表触头调整到零,再将触头旋转360°。其径向跳动不应该超过规范值。为了检查气门与气门导管的同轴度,在气门表面上轻轻地涂抹一层普鲁士蓝。安装气门并在气门座上旋转。如果气门接触处均匀且整个气门座均被染色,则气门与气门座同心。

3.2 液压挺柱的检修

因工作噪声而更换液压挺柱之前,先确认不是由于摇臂磨损或气门倾斜引起的噪声。也应确保机油压力充足。必须把液压挺柱总成安装到原来位置。拆下摇臂总成和推杆,标记部件位置。有些情况要求拆卸进气歧管、汽缸盖或挺柱室盖。拆下挺柱定位板(如果装有)。用液压气门挺柱拆卸器拆下挺柱。

对胶结的挺柱,解体并清洁。切记不要混淆挺柱部件或位置。零件是选配安装的,不可互换。检查部件是否磨损,注意挺柱体与凸轮轴接触区域的磨损量。表面必须光滑并且有凸面的接触表面。如果磨损明显,仔细检查凸轮凸起部分。检查推杆接触面和挺柱体是否擦伤或有磨损的迹象。如果挺柱体有擦伤,检查挺柱孔是否损坏,是否缺少润滑。在滚子式挺柱上,检查滚子是否表面剥落、是否有麻坑、轴承滚针是否丢失,运行期间是否不平稳。

在不同部位测量挺柱体的外径,测量挺柱孔内径。确保部件间隙或油隙符合规范。一些车型提供加大尺寸的挺柱。如果挺柱损坏,则应更换。

如果挺柱止回阀不工作,可能有障碍物阻止止回阀关闭或气门弹簧断裂。根据需要清洗或更换部件。

检查柱塞的运动。当总成未经润滑时,柱塞应该依靠它自身的重力落到挺柱体底部。如果柱塞运动不自由,把挺柱浸入到溶液中溶解沉积物。

可以在挺柱上进行挺柱回漏测试。必须在挺柱内装有规定的测试油。新的挺柱装有规定的测试油。用挺柱回漏测试仪,按照制造厂商的说明书进行回漏测试。如果回漏时间不符合规范,更换挺柱总成。

安装挺柱之前,应该把它浸泡在清洁的发动机机油中几小时。在挺柱底面、滚子(如果装有)和挺柱体上涂抹足量的二硫化钼润滑剂或凸轮轴润滑油。把挺柱安装到原来位置。安装剩余的部件。在大多数液压挺柱上,不需要调整气门间隙。液压挺柱的预负载是自动的,一些车型可能需要调整。

3.3 气门间隙的调整

发动机规范中给出了气门机构的间隙和调整时的温度。在大多数情况下,应该在冷机时调整。有时为了便于维护,给出了冷态和热态时的间隙值。

一些车型不需要调整气门间隙。把摇臂拧紧到规范值,自动满足气门间隙。

无摇臂顶置凸轮轴发动机,在凸轮凸起部分和气门挺柱之间装有一可更换的垫片。用塞尺按照一定的顺序在凸轮背面与调整圆片之间检查气门间隙。

在装有摇臂的顶置凸轮轴发动机上,在摇臂的推杆端来调整气门间隙。使调整的气门接触凸轮圆弧面,转动调整螺栓来调整气门间隙,用塞尺按照一定的顺序在摇臂端和气门杆顶端之间检查气门间隙。直到获得适当的气门间隙。然后拧紧锁紧螺母。

丰田(TOYOTA)8A-FE(1.3L)发动机气门间隙的调整为垫片法。检查和调整气门间隙应保持发动机冷态下进行。通过更换气门间隙调整垫片来调整气门间隙。

气门间隙的检查与调整应在气门完全关闭、气门挺柱落于凸轮基圆位置时进行。

调整气门间隙可采用逐缸调整法或两次调整法。

3.3.1 逐缸调整法

即将某缸活塞转到压缩终了上止点时,检查调整该缸进、排气门间隙。用这种方法调整时,摇转曲轴次数多,工作效率低。

3.3.2 两次调整法

即首先找到第一缸活塞压缩终了上止点,调整其中一半气门;然后将曲轴转动一周,再调整其余半数气门的间隙。这种方法简单快捷。

(1)确定可调气门。

①"双排不进"法。将一缸活塞转到压缩终了上止点,根据发动机工作顺序,按照"双排不进"法确定各缸哪个气门可调。转动曲轴一周,再调整余下的所有气门。各种缸数发动机可调气门见表4-13。

可调气门　　　　　　　　　　　　　　　　　表4-13

六缸发动机	工作顺序	1	5	3	6	2	4
		1	4	2	6	3	5
	第一遍(一缸在压缩上止点)	双	排	不	进		
五缸发动机	工作顺序	1	2	4	5	3	
	第一遍(一缸在压缩上止点)	双	排		进		
四缸发动机	工作顺序	1	3	4	2		
		1	2	4	3		
	第一遍(一缸在压缩上止点)	双	排	不	进		
三缸发动机	工作顺序	1	2	3			
	第一遍(一缸在压缩上止点)	双	排	进			

表中的"双"是指该汽缸进、排气门间隙均可调;"排"是指该汽缸仅排气门间隙可调;"不"是指该汽缸进、排气门间隙均不可调,"进"是指该汽缸仅进气门间隙可调。

②记气门号法。对于常见车型,有经验的修理工,将气门从前到后依次排号,记住第一遍(一缸在压缩上止点)各可调气门的号,这样调起来更快。

(2)确定一缸压缩上止点。

①逆推法:转动曲轴,观察与一缸连杆轴颈同在一个方位的四(六)缸的进、排气门,当排气门由打开状态逐渐关闭到进气门刚刚开始打开时,一缸处于压缩上止点位置。

②分火头判断法:记下一缸分缸高压线的位置,打开分电器盖,转动曲轴,当分火头与一缸分缸高压线位置相对时,表示一缸在压缩上止点。

(3)进气门和排气门的确定　根据气门所对应的气道确定。

4　冷却系统的修理

4.1　冷却系统密封性的检查

发动机温度正常,用压力测试仪检查膨胀罐盖和整个冷却系统的密封性。以 Audi A6 用 AWL 型发动机冷却系统检查为例。

Audi A6 用 AWL 型发动机冷却系统如图 4-22 所示。

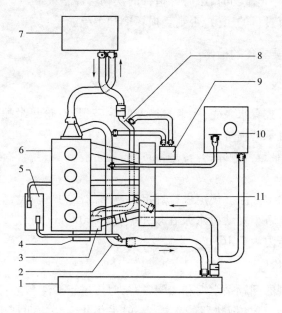

图 4-22　奥迪 A6 用 AWL 型发动机冷却系统

1-散热器;2-上部冷却液管;3-节温器;4-水泵;5-废气涡轮增压器;6-汽缸盖/汽缸体;7-暖风热交换器;8-下部冷却液管;9-机油冷却器;10-膨胀器;11-进气歧管

(1)膨胀罐盖的检查。把压力测试仪连接到膨胀罐盖上,如图 4-23 所示。用 V. A. G 1247(压力测试仪)给膨胀罐盖加 140~160kPa 的压力。膨胀罐盖的安全阀应打开,否则应更换膨胀罐盖。

(2)冷却系统的检查。

①关闭点火开关并让发动机冷却。确保散热器冷却液液面正确。拆下膨胀罐盖,并把压力测试仪连接到膨胀罐上,如图 4-24 所示。用压力测试仪给膨胀罐加 100kPa 的压力。

②如果压力下降,检查外部是否泄漏。如果没有发现泄漏,起动发动机并急速运转,如果

立刻有压力,检查汽缸盖和汽缸体是否被碰伤。如果不能立即有压力,转到下一步。

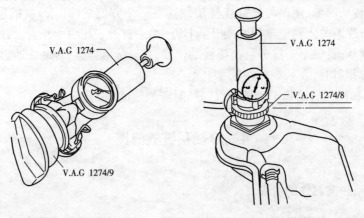

图4-23 膨胀罐盖的检查　　　　图4-24 冷却系统的检查

③如果压力计指针摆动,表明压缩气体或燃烧气体泄漏到冷却系统中。用断缸法检查泄漏部位,当泄漏的汽缸停止做功时,压力计指针的摆动会停止或下降。

冷却系统不允许有过量的压力,否则会损坏冷却系统。

4.2 冷却系统主要零件的检修

4.2.1 水泵的检修

水泵常见的损坏形式有水泵壳体、卡簧槽及叶轮破裂;带轮凸缘配合孔松动;水封老化及损坏;泵轴磨损松旷、轴承磨损等。

使用中,应检查水泵是否泄漏、运转是否自如、是否有异响、是否有损坏部位等,如果工作不良,应整体更换水泵。

将水泵装在试验台上按原厂规定进行规定转速下的压力－流量试验,如不符合规定应更换。例如:桑塔纳2000轿车发动机水泵在规定转速6000r/min时,进口压力为0.1MPa,系统压力为0.4MPa,出口压力为0.16MPa。

4.2.2 散热器的检修

散热器最容易出现的问题是水垢和渗漏,检修时应进行清洗和密封性检查。

(1)散热器的清洗。清洗散热器的水垢,一般采用化学法。即利用酸或碱类物质与水垢发生化学反应,生成可溶于水的物质,将水垢清除。

清洗时,常采用循环法。即将酸性除垢剂以一定的压力(一般为10kPa)在汽缸体水套或散热器内循环3~5min即可。再用碱性溶液冲洗中和。

若散热器内积垢严重,应拆去上、下室,用通条疏通。

(2)散热器的密封性检查。堵死散热器的进出口,在散热器内充入压力50~100kPa的压缩空气,并将其浸泡在水中,检查有无气泡冒出。如有气泡冒出,则在冒泡部位做好记号,以便焊修。

(3)散热器的修理。散热片变形应进行修整。对泄漏部位,可采用焊锡堵漏。最好使用小型号的乙炔焊炬加热,并尽可能使散热器焊修后,保留较多的散热面积。焊修后切断的冷却管的数量不得超过管数总量的 10%，切断散热片的面积不得大于迎风总面积的 10%。

4.2.3 硅油风扇离合器的检修

当汽车停放约 12h 后，在发动机起动前用手指拨动风扇叶片应感到有明显的转动阻力，发动机起动后，运转 1~2min 后熄火，此时拨转风扇叶片，若感到转动阻力明显减小，为硅油风扇离合器工作正常。

在导风圈上部打一个小孔，把管式温度计从小孔插入风扇和散热器之间，测量风扇离合器开始接合与分离时散热器后端热风流的温度应符合原厂规定。如北京切诺基汽车的接合温度为 72℃。

在发动机进行总成修理时，检查双金属温控弹簧，若出现开裂，即失去温控能力，应予更换。

4.2.4 电控风扇的检修

（1）电控风扇电路。电控发动机电脑控制冷却风扇，根据冷却液温度传感器信号，电脑判断温度达到程序设定值，控制冷却风扇模块动作，风扇转动。电控风扇电路如图 4-25 所示。

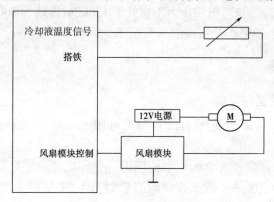

图 4-25　电控风扇模块电路

（2）电控风扇系统的检测。检查冷却风扇电动机的电阻是否正常，加 12V 电压是否正常旋转。检查连接线路。检查风扇模块的电源、电脑控制信号和风扇模块的输出。检查冷却液温度传感器信号。

5　润滑系统的修理

5.1　润滑系统的检查

润滑系统的检查包括：机油压力开关检查和润滑系统压力检查。

Audi A6 用 AWL 型发动机润滑系检查：

（1）检查机油压力开关。卸下机油压力开关及其插接器，如图 4-26 所示，将 V.A.G 1342 连接机油压力开关和机油压力开关安装孔。将褐色导线搭铁，将发光二极管连接在机油压力开关和蓄电池正极上。

发光二极管应不亮。若发光二极管亮，须更换机油压力开关。

发动机起动过程中,机油压力达到120~160kPa时,发光二极管应点亮,否则更换机油压力开关。

(2)检查润滑系统压力。卸下机油压力开关及其插接器,如图4-27所示,将V.A.G 1342连接机油压力开关和机油压力开关安装孔。将褐色导线搭铁,将发光二极管连接在机油压力开关和蓄电池正极上。

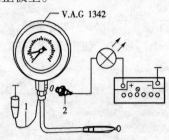

图4-26 检查机油压力及机油压力开关
1-褐色导线;2-机油压力开关

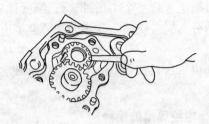

图4-27 泵体间隙测量

发动机温度正常,怠速运转,机油压力不应低于130kPa,发动机2000r/min时,机油压力应达到350~450kPa,否则,说明机油泵或限压阀损坏。

5.2 机油泵的检修

5.2.1 齿轮式机油泵的检修

(1)传动齿轮与主、从动齿轮面上如有毛刺可用油石磨光,如齿上有剥落或缺口应予更换。

(2)主、从动齿轮的齿隙过大会影响泵油压力,测量时,可用塞尺在互成120°处分三点测量,各测量点齿隙差<0.10mm。各部位间隙测量如图4-27至图4-29所示。各处间隙见表4-14。

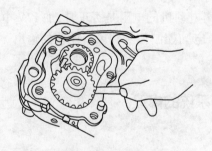

图4-28 端面间隙测量

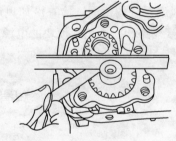

图4-29 啮合间隙测量

(3)限压阀弹簧过软或球阀有磨损、不圆、麻点过多、封闭不严等现象时均应更换。

(4)主、从动齿轮装合时,应涂以机油。

(5)机油泵装复后检验。

①机油泵装复后,将机油集滤器浸入清洁的机油盆内,按顺时针方向转动油泵轴,直到机油从油孔中流出为止。再用大拇指堵住出油孔,继续转动油泵,检验油泵轴转动阻力是否增大。增大为良好。

②将机油泵装于试验台检验。例如:桑塔纳2000轿车机油泵转速在1000r/min时(80℃)进口压力为0.013MPa,输出压力为0.5MPa,最小流量为8.3L/min。

齿轮式机油泵各部间隙数值　　　　　　　　　　　　　　　　表4-14

数值\间隙	泵体间隙 (径向间隙)	端面间隙 (轴向间隙)	啮合间隙	泵轴间隙
标准值(mm)	0.16~0.21	0.08~0.14	0.08~0.20	0.02~0.07
极限值(mm)	0.30	0.18	0.25	0.15

5.2.2　转子式机油泵的检修

(1)转子式机油泵各部位间隙测量如图4-30~图4-32所示。各部间隙见表4-15。

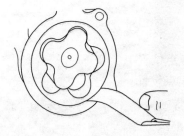
图4-30　检查外转子间隙

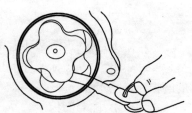
图4-31　检查内、外转子间隙

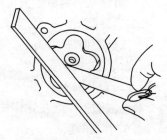
图4-32　内转子轴向间隙

转子式机油泵各部间隙数值　　　　　　　　　　　　　　　　表4-15

数值\间隙	外转子与泵体	内、外转子齿顶端面 之间的间隙	内转子轴向 间隙
标准值(mm)	0.10~0.16	0.04~0.12	0.03~0.09
极限值(mm)	0.20	0.18	0.15

(2)检查限压阀是否有刮痕或损伤,限压阀柱塞在阀孔内的磨损及间隙是否已扩大,若松旷,则应更换。弹簧弹力是否松弛,不符合标准应更换。

(3)安装内外转子时,注意把有标记的一面对着机油泵的泵体(朝向上方),如图4-33所示。

(4)机油泵装复后检验(见齿轮式机油泵)。

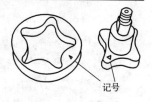
图4-33　内、外转子标记

思考与练习

一、简答题

1. 发动机免拆检测条件有哪些?
2. 发动机大修技术条件是什么?
3. 汽缸正常磨损特点有哪些?
4. 镗削汽缸选用的基准通常有哪些?
5. 说明汽缸激光表面淬火原理。
6. 说明曲轴轴颈的磨损特点。
7. 怎样检验曲轴的弯曲?

8. 曲轴磨削的技术条件是什么?
9. 怎样检测曲轴轴承的径向间隙?
10. 丰田雷克萨斯1UZ-FE型发动机的曲轴轴承和连杆轴承如何选配?
11. 雪铁龙毕加索EW10J4发动机的曲轴轴承和连杆轴承如何选配?
12. 怎样修理气门及气门座?
13. 怎样用两次调整法调整气门间隙?
14. 怎样检查散热器的密封性?
15. 怎样检查硅油风扇离合器?
16. 怎样检查电控风扇?
17. 机油泵装复后如何检验?

二、选择题

1. 汽缸磨损最大部位常位于(　　)。
   A. 汽缸中部　　　　　　　　B. 第一道活塞环上止点位置
   C. 汽缸下部　　　　　　　　D. 第一道活塞环下止点位置
2. 汽缸磨损中起主导作用的磨损是(　　)。
   A. 磨料磨损　　　　　　　　B. 黏着磨损
   C. 腐蚀磨损　　　　　　　　D. 几种磨损经常变化
3. 关于汽缸网纹磨削,下面说法不正确的是(　　)。
   A. 网纹有贮油、容屑能力　　B. 网纹可以提高汽缸的磨合性能
   C. 利用磨头正转、反转获得网纹　D. 网纹夹角为50°~60°
4. 当一缸排气门即将关闭,进气门刚要打开时,(　　)缸进排气门均可调。
   A. 一　　　　B. 二　　　　C. 三　　　　D. 四

三、判断题(正确画√,错误画×)

1. 汽缸的圆度和圆柱度误差必须都达到限值才可以修理或更换气缸套。(　　)
2. 以汽缸下平面为基准镗缸精度最高,故广泛应用。(　　)
3. 当发动机某汽缸拉缸后,应单独对该缸进行镗缸修理。(　　)
4. 磨头在重力作用下能缓缓下落,说明磨头砂条压力合适。(　　)
5. 激光淬火可以提高汽缸表面硬度。(　　)
6. 曲轴径向圆跳动误差既包含曲轴轴颈同轴度误差又包含轴径圆度误差。(　　)
7. 曲轴所有主轴颈必须磨削到同一级修理尺寸。(　　)
8. 曲轴磨削时先磨削主轴颈,再磨削连杆轴颈。(　　)
9. 雪铁龙毕加索EW10J4发动机从飞轮一侧始,曲轴主轴承座号分别为1~5号。(　　)
10. 钠冷气门报废时直接扔掉即可。(　　)

单元五　发动机电子控制系统的检修

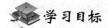 学习目标

知识目标
1. 简单叙述发动机电子控制系统检修注意事项；
2. 正确描述本田雅阁发动机燃油泵的测试方法与步骤。

能力目标
1. 会进行电喷发动机燃油压力的检查；
2. 会进行电喷发动机喷油器的检修；
3. 会进行丰田系列发动机电子控制系统主要部件的检修；
4. 会进行电喷发动机怠速控制装置的检修；
5. 会进行电喷发动机 EGR 装置的检修；
6. 会进行德国系列发动机电子控制系统主要部件的检修；
7. 会进行美国系列发动机电子控制系统主要部件的检修。

现代汽车电子控制系统中都设有故障自诊断系统,用以监控控制系统各部位的工作状况。当 ECU 检测到来自传感器和执行器的故障信号时,立即将"检查发动机"警示灯点亮,通知驾驶人出现故障,同时将故障信息以故障码的形式存入存储器中。故障信息一旦存入,即使将点火开关断开,或故障排除后"检查发动机"警示灯熄灭,此信号仍保存在存储器中。对车辆进行检修时,维修人员通过特定的程序,可将存储器中的故障信息(故障码)调出,用以判断故障的类别和范围,故障排除后,应清除故障码。

发动机电子控制系统检修注意事项：
(1) 蓄电池接线没连接正确时,不能起动发动机。
(2) 点火开关处于接通位置时,不可拆除或连接 ECU 控制系统各元件的导线接头。
(3) 点火开关处于接通位置时不能拆除或安装蓄电池线。
(4) 降低燃油系统的压力后,再拆开燃油油路部分。
(5) 检修油路系统时,千万不能吸烟,并要远离明火。
(6) 橡胶密封件千万不要沾有汽油。
(7) 音响设备的天线应离电脑尽可能远些。
(8) 天线的连接线应远离电脑连接线,其距离应不少于20cm。
(9) 当拔下油尺,拆开机油盖及曲轴箱通风管等时,可能会引起发动机运转不稳。
(10) 进气系统管路不能有裂纹、漏气,否则,会引起发动机运转不稳。
(11) 拆卸电脑连接线或安装电脑连接线时,一定要断开点火开关。

(12) 不要轻易拆下电脑盒盖。

1 日本系列轿车发动机电子控制系统主要部件的检修

1.1 燃油滤清器的更换

丰田系列电控汽油喷射车辆的燃油滤清器的滤芯是金属材料,可以清洗再用。一般在汽车行驶 30000km 时进行第一次更换。以后每行驶 80000km 再更换一次。本田雅阁/序曲轿车所有车型上都装有一次性燃油滤清器,它不能分解清洗,每 4 年或每行驶 96000km 必须更换一次燃油滤清器,但当检查出燃油流动不畅,燃油压力低于规定值或检查到燃油系统内有杂质时,应提前更换燃油滤清器。

1.2 燃油泵的检查

丰田系列轿车燃油泵采用离心转子式电动油泵。燃油泵是不可修的,不能进行分解,只能进行检查。

1.2.1 丰田佳美 3.0 发动机燃油泵的检查

1.2.1.1 车上检查

(1) 检查燃油泵动作(注意:不要起动发动机)。

①连接检查连接器(或燃油泵继电器插接极)上的 +B 和 FP 两端子,如图 5-1 所示。

②将点火开关接通,检查来自燃油滤清器软管内的压力。正常状态能听到燃油回流声。

③如果无燃油压力,拆下端子 +B 和 FP 的连接,将点火开关切断。检查下列部件:熔断器,熔断丝(AM2:30A,IGN:7.5A),燃油泵及其配线接点。

(2) 检查燃油压力。

①释放燃油系统压力(拔掉油泵继电器后起动发动机 3 次,并每次起动后使发动机自燃熄火),检查蓄电池电压应在 12V 以上,并将电缆从蓄电池负极(−)接线柱处断开。

图 5-1 燃油泵连接器端子

②将合适的容器或垫布放在喷油器燃油分配管的连接头下。慢慢拧松管接头。

③在拆开后的燃油管两接头间,通过三通管接上 EFI 燃油压力表,扭紧力矩为 15N·m。擦掉溅出的汽油。

④连接油泵继电器插接板上的端子 +B 和 FP。重新接上蓄电池负极"−"上的电缆,将点火开关转到"ON"。

⑤测量燃油压力。燃油压力应为 265～304kPa。如果压力低,应检查下列部件:燃油软管和连接处、燃油泵、燃油滤清器、燃油压力调节器、喷油器(有漏油处)。

⑥拆下端子 +B 和 FP 的连接,起动发动机。将真空软管从燃油压力调节器处脱开并堵住软管头。

⑦在急速运转时测量燃油压力。燃油压力应为 265～304kPa。

⑧将真空软管重新接到燃油压力调节器上。

⑨在怠速运转时测量燃油压力。燃油压力应为 226～265kPa。如果压力不符合上述规定,检查真空软管和燃油压力调节器。

⑩将点火开关转到"OFF",检查发动机熄火 5min 以后燃油压力,应仍保持在 147kPa 或以上。如压力不符合上述规定,检查燃油泵、压力调节器和喷油器(有漏油处)。

⑪检查燃油压力后,应再按步骤①的方法进行泄压,脱开蓄电池负极" - "电缆,小心地拆下燃油压力表,以防止汽油外流。

⑫重新接上喷油器连接的油管,把电缆重新接至蓄电池负极" - "接线柱。检查是否有燃油泄漏。

1.2.1.2 燃油泵检查

(1)将电缆从蓄电池负极接线柱处取下,并拆下后坐垫。

(2)检查燃油泵电阻。使用欧姆表测量端子 4 和 5 间的电阻,如图 5-2a)所示。电阻(冷态):0.2～3.0Ω。如果电阻不符合上述规定,更换燃油泵。

(3)检查燃油泵。将蓄电池正极" + "引线接至端子 4,将负极" - "引线接至端子 5,燃油泵应动作,如图 5-2b)所示。

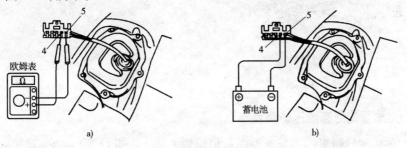

图 5-2 检查燃油泵
a)检测燃油泵电阻;b)检查燃油泵动作
4、5—端子

注意:这种测试必须快速进行(10s 以内),以防线圈烧坏;尽可能使燃油泵远离蓄电池;要始终在蓄电池一侧操作开关。

如果燃油泵运转不符合规定,更换燃油泵。

1.2.2 本田雅阁发动机燃油泵的测试方法与步骤

(1)释放燃油系统压力(拔掉油泵继电器后起动发动机 3 次)。拆下检修螺栓,并在琵琶形螺栓上安装油压表。

(2)从压力调节器上拆下真空软管,然后堵塞软管末端。起动发动机并怠速运转。

(3)记录压力表读数,将它与规定值相比较(多数为 250～310kPa)。

(4)如果压力比规定值高,检查回油软管是否挤压或堵塞,燃油压力调节器是否有故障。如果压力比规定值低,检查燃油滤清器是否堵塞、压力调节器是否有故障或燃油软管是否泄漏。

(5)再次释放燃油系统的压力后,在油压表接头附近包一卷纱布,然后慢慢松开以减少系统压力;拆下压力表。用新垫片安装检修螺栓,拧紧力矩为 12N·m。

1.3 燃油压力的检查

检查发动机运转时燃油管路内的油压,可以判断电动汽油泵或油压调节器是否有故障,汽油滤清器是否堵塞等。检查燃油压力时,应准备一个量程为 1MPa 左右的油压表及专用的油管接头。

1.3.1 油压表的安装

(1)将燃油系统卸压(拔掉燃油泵继电器后起动发动机 3 次),拆下蓄电池负极电缆。

(2)油压表也可以安装在汽油滤清器油管接头、分配油管进油接头处,或用三通接头安装在燃油管道上便于安装和观察的任何部位,如图 5-3 所示。

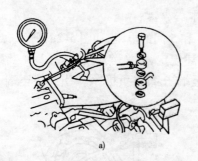
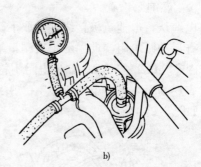

图 5-3 油压表的安装

(3)擦干溅出的汽油,重新装上蓄电池负极电缆。

1.3.2 燃油系统静态油压的测量

(1)用一根短导线将电动汽油泵继电器插接板上的 +B 和 FP 两个插孔短接。

(2)接通点火开关(不要起动发动机),让电动汽油泵运转。

(3)测量燃油压力。其正常油压应为 300kPa 左右。若油压过高,应检查油压调节器;若油压过低,应检查电动汽油泵、汽油滤清器和油压调节器。

(4)拔掉电动汽油泵继电器插接板上的短接线,切断点火开关。

1.3.3 燃油系统保持压力的测量

测量静态油压结束后,过 5min 再观察油压表指示的油压。此时的压力称为燃油系统保持压力,其值应不低于 147kPa。若油压过低,应进一步检查电动汽油泵保持压力、油压调节器保持压力及喷油器有无泄漏。

1.3.4 发动机运转时燃油压力的测量

(1)起动发动机,让发动机怠速运转。测量此时的燃油压力,如图 5-4 所示。

(2)缓慢开大节气门,测量在节气门接近全开时的燃油压力。

(3)拔下油压调节器上的真空软管,并用手堵住软管,如图 5-4b)所示。让发动机怠速运转,测量此时的燃油压力。该压力和节气门全开时的燃油压力基本相同。

若测得的油压过高,应检查油压调节器及其真空软管;若测得的油压过低,则应检查电动汽油泵、汽油滤清器及油压调节器。

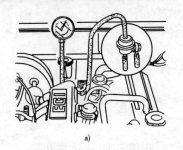 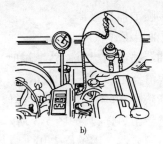

图 5-4 燃油压力的测量

a)测量怠速及节气门全开时的燃油压力；b)测量拔下油压调节器真空软管后的燃油压力

1.3.5 油压表的拆卸

(1)释放燃油系统的油压(拔掉油泵继电器后起动发动机 3 次)。

(2)拆下蓄电池负极电缆。

(3)拆下油压表。

(4)重新装好油管接头。

(5)接好蓄电池负极电缆。

(6)预置燃油系统的油压。

(7)检查油管各处有无漏油。

1.4 喷油器的检修

喷油器的主要故障是堵塞。由于发动机运转时高温的影响，汽油中所含的树脂物质会逐渐附着在喷油器末端细小的喷孔上，造成喷油器堵塞。喷油器检验方法有以下两种：

一是目测检验。在工作台上铺一块干净的白布，将分配油管及喷油器内的残余汽油倒在白布上。若发现有铁锈或水珠自分配油管内或喷油器进口处倒出，说明喷油器已锈蚀，应更换。

二是利用喷油器清洗试验台进行测试。在喷油器清洗试验台上可以观察喷油器喷油雾化状况，测定喷油器在一定时间或一定喷油次数内的喷油量，检查喷油器针阀密封性。对于工作不良的喷油器，可在清洗试验台上进行超声波清洗和反流冲洗，以达到彻底清洗喷油器，使之恢复良好的喷油雾化能力。

丰田发动机(3VZ – FE)喷油器的检修方法如下。

(1)检查喷油器动作。

①发动机热车后使其怠速运转，用听诊器检查每个喷油器动作声(如没有听诊器可用手指或螺丝刀检查喷油器的振动动作)。如有与发动机转速成正比的正常动作声，说明喷油器工作良好，如听不到声音或听到不正常的声音，应检查喷油器、配线连接器或来自 ECU 的喷射信号。

②依次拔下各喷油器的线束插头，使喷油器停止喷油进行断缸检查。若拔下某缸喷油器线束插头后发动机转速有明显下降，则说明该喷油器工作正常；相反，若拔下某缸喷油器线束插头后发动机转速无明显下降，则说明该缸喷油器或火花塞(或缸压低)不工作或工作不良，应进一步检查。

(2)检查喷油器电阻。

①断开喷油器连接器，用欧姆表测量喷油器端子之间的电阻，电阻约为 13.8Ω(或查看维修手册数据)。如电阻不符合规定，更换喷油器。

②重新连接喷油器连接器。

(3)检查喷油器工作状况。

①检查喷油器喷油情况(注意:测试时远离火花)。

a. 自燃油滤清器出口脱开燃油软管。

b. 用两个新垫片和联管节螺栓,将维修专用工具(成套点火测量工具)的联管节和软管与车上的燃油滤清器出口连接,如图5-5所示。

c. 取下压力调节器。用维修专用工具(联管节)将燃油回流软管和维修专用工具(软管)连到压力调节器上,如图5-6所示。

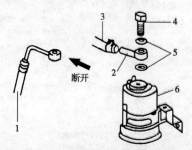

图5-5 喷油器的软管与燃油滤清器出口的连接
1-燃油软管;2-维修专用工具(联管节);3-维修专用工具(软管);4-联管节螺栓;5-新垫片;6-燃油滤清器

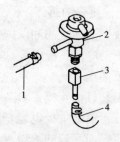

图5-6 喷油器的软管与燃油压力调节器的连接
1-燃油回流软管;2-压力调节器;3-维修专用工具(联管节);4-维修专用工具(软管)

d. 把新O形环装至喷油器上。

e. 把维修工具(联管节和软管)连至喷油器,用维修专用工具(卡箍)夹住喷油器和联管节,如图5-7所示。将喷油器放入量筒。

f. 连接油泵继电器插接板上的端子+B和FP(图5-1),重新连接蓄电池负极"-"接线柱。

g. 转动点火开关至"ON"(注意:不要起动发动机)。

h. 用维修专用工具(引线)将喷油器与蓄电池连接15s,用量筒测量喷射量。每只喷油器测试2~3次。喷射量:54~64mL/15s;各喷油器相差量5mL或以下。如喷射量不符合规定,则更换喷油器。

②检查泄漏。

a. 在上述条件下,从蓄电池脱开维修专用工具(引线)的测头,检验喷油器处漏油情况,如图5-8所示。燃油滴漏每分钟不超过一滴。

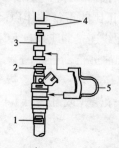

图5-7 喷油器的软管与喷油器连接
1-维尼龙软管;2-新O形环;3-维修专用工具(联管节);4-维修专用工具(软管);5-维修专用工具(卡箍)

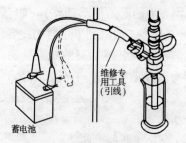

图5-8 喷油器漏油检查

b. 脱开蓄电池负极"－"电缆。取下维修专用工具。

1.5 怠速控制装置的检修

怠速自动控制系统如有故障,则会使发动机怠速失常,出现怠速不稳、怠速过高或过低、无冷车快怠速、无空调快怠速等。其原因主要是电脑、各传感器和控制线路及怠速控制阀出现故障。电脑的故障率很低,一般在未经外行人员乱动情况下,平均100000km后电脑损坏不大于1/1000。电脑如有故障只能由专业人员采用专用电脑故障诊断仪进行诊断。对近几年生产的电喷发动机应首先检查、清洗电子节气门周围的油泥、尘土及其节气门体的电插头,必要时进行怠速匹配设定。这里仅介绍怠速控制阀的检查,以及怠速控制系统的检修。

怠速控制阀的检验方法主要有两种:

一是用万用表测量怠速控制阀线圈电阻。脉冲电磁阀式怠速控制阀只有一组线圈,其电阻为2～15Ω。步进电动机式怠速控制阀通常有2～4组线圈,各组线圈的电阻为15～25Ω。如有断、短路,应更换怠速控制阀。

二是检查步进电动机。将蓄电池电压以一定顺序输送给步进电动机各绕组,就可使步进电动机转动。

1.5.1 丰田发动机(3VZ-FE)怠速控制阀的检查方法

该发动机怠速控制阀如图5-9所示。

车上检查:

(1)检查ISC(怠速控制)阀的动作声音。

起动发动机,并以怠速运转。发动机停机后瞬间应有咔哒声,说明怠速控制阀良好,如有异常,则说明怠速控制阀或控制电路有故障。

(2)检查ISC阀的电阻。

①脱开ISC阀连接器。用欧姆表测量端子B1—S1或S3之间及B2—S2或S4之间的电阻,如图5-10所示。测量的电阻值为:B1—S1或S3(10～30Ω);B2—S2或S4(10～30Ω)。如电阻不符合规定,应更换ISC(怠速控制)阀。

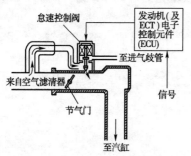

图5-9 怠速控制阀

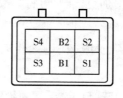

图5-10 ISC(怠速控制)阀电阻的检查

②重新连接ISC阀连接器。

1.5.2 怠速自动控制系统检修

(1)在冷车状态下起动发动机,暖机过程中发动机怠速应能达到规定的快怠速(通常为

1500r/min左右)。在发动机达到正常工作温度后,怠速转速应能恢复正常(通常为750r/min左右)。如果冷车起动后怠速不能按上述规律变化,则说明怠速控制系统有故障。有些车型的冷车快怠速由附加空气阀控制,出现异常时还应检查附加空气阀及其控制线路。

(2)当发动机达到正常工作温度后,打开空调开关,发动机怠速应能上升至900r/min左右。若打开空调开关后发动机转速下降,则说明怠速控制系统有故障。

(3)在发动机怠速运转中,对怠速调整螺钉作少量调整,发动机怠速转速应不发生变化。如发生变化,说明怠速控制系统不工作。

(4)拔下怠速控制阀线束插头,用电压表测量。如果在发动机运转中,怠速控制阀线束插头有脉冲电压输出,说明怠速控制系统工作正常。若无脉冲电压输出,可打开空调开关后再测试;若仍无脉冲电压输出,说明怠速控制系统不工作。对此,应检查电脑与怠速控制阀之间的线路是否接触不良,有无断路。如线路正常,则说明有关传感器或电脑有故障。

1.5.3 附加空气阀的检修

1.5.3.1 附加空气阀的就车检修

(1)起动发动机,并以怠速运转。

(2)如有怠速控制阀,拔去怠速控制阀线束插头。

(3)在发动机冷车运转中,用钳子垫上软布,夹住附加空气阀的进气管。此时发动机转速应有明显下降,否则,说明附加空气阀堵塞。

(4)发动机暖机后,再用钳子垫上软布,夹住附加空气阀的进气管。此时发动机转速下降不应超过100r/min;否则说明附加空气阀关闭不严。如发动机转速下降超过100r/min,应进一步检查线束插头处有无电源。如无电源,说明控制线路有故障;如有电源,说明附加空气阀有故障,应清洁或更换。

1.5.3.2 附加空气阀的检验

(1)在室温状态下检查附加空气阀的开度。当温度低于10℃时,附加空气阀处于半开状态;当室温为20℃时,附加空气阀应处于微开状态(约开1/3)。

(2)对于电加热的附加空气阀,可在接线插座处测量附加空气阀电热丝电阻,其值应为30~50Ω。将蓄电池电源接至附加空气阀插头接线端上,观察附加空气阀能否在通电后逐渐关闭。

(3)如为蜡式附加空气阀,可将其浸入热水中,并将水温加热至80℃左右。此时附加空气阀应完全关闭。

(4)用一字螺丝刀撬动阀板,观察其开启是否灵活。如有异常,应清洁或更换附加空气阀。

1.6 废气再循环(EGR)装置的检修

废气再循环(EGR)是发动机在工作过程中,将一部分废气引到吸入的新鲜空气(或混合气)中返回汽缸进行再循环的方法。该方法被广泛用于减少NO_x的排放量。但是过度的废气再循环将会影响发动机的工作,特别是在怠速、低转速小负荷及发动机处于冷态运行时,再循环的废气将会明显降低发动机的性能。因此,应根据工况及工作条件的变化自动调整参与再循环的废气量。根据发动机结构不同,进入进气歧管的废气量一般在6%~13%。在废气再循环系统中,由通过一个特殊的通道将排气歧管与进气歧管连通。在该通道上装有 EGR 阀。通过控制 EGR 阀的开度来控制废气再循环的废气量。EGR 阀的开启或关闭由阀上方的真空度控制,而真空度则由受电脑控制的 EGR 真空电磁阀控制。其工作过程是:在发动机工作时,电脑根据发动机转速、空气流量、进气管压力、节气门开度、温度信号,控制 EGR 电磁线圈通电时间长短(为占空比信号电压),来控制进入 EGR 阀真空室上方的空气量(真空度),从而控制 EGR 的开度,改变参与再循环的废气量。

本田雅阁/序曲轿车 EGR 装置的检测:

(1)首先检查真空管及电路连接是否良好。

(2)拆下给 EGR 阀提供真空的真空管路,在阀上连接一手动真空泵。

(3)起动发动机运转至正常冷却液温度。

(4)发动机怠速运转时,给 EGR 阀加一真空,发动机应熄火(或运行非常不稳),但阀门真空应能保持,否则,更换 EGR 阀。

(5)在控制电磁阀处将一真空表接至真空管路,怠速时应无真空。若怠速时有真空到达 EGR 阀,检查控制线圈线路(在发动机运转时,EGR 控制电磁阀一根线上应有 12V 电压,另一根搭铁线接至 ECU,ECU 通过控制搭铁线,控制电磁阀的开度);点火开关处于"OFF"时,用一数字欧姆表进行检查,ECU 与控制电磁阀之间线路是否对地短路,若连线良好,则 ECU 得到了一个不正常的信号或 ECU 故障。

(6)控制电磁阀的真空度,怠速时应约为 26.6kPa(绝对压力)。在来自真空室的管路上接一真空表。若真空不正确,读取 CVC 阀出口处应无真空度;若真空室或 CVC 阀功能不正常,应予以更换。

(7)EGR 阀的检查。

①起动发动机,并预热至正常工作温度。

②拔下连接 EGR 阀的真空软管,用手指按住真空软管接口,当发动机怠速运转时软管接口内应无真空吸力。踩下加速踏板,使发动机转速上升至 2000r/min,此时软管接口内应有真空吸力。如不符合要求,说明废气再循环控制电磁阀或真空软管工作不正常,应拆卸、清洗、检查。

③拆下 EGR 阀连接在控制电磁阀上的真空管,在真空管的接口处接上手动真空泵,同时扳动手动真空泵,进行抽真空,EGR 阀内应能感到有真空吸力(膜片位移使 EGR 阀打开)。停止抽真空后,真空吸力应能保持住,无明显下降。如有异常,应更换 EGR 阀。

2 德国系列轿车发动机电子控制系统主要部件的检修

2.1 发动机电子控制系统控制单元的更换

2.1.1 拆卸发动机电子控制系统的控制单元(ECU)

(1)连接 V.A.G1551(或 V.A.G1552),打开(接通)点火开关,按 0 和 1 键,选择"发动机电子控制系统",显示屏上显示出控制单元识别码,按下故障阅读器的打印键打印出控制单元识别码。按"→"键,再按 0 和 6 键,选择"结束输出"功能,按 Q 键确认。

(2)关闭(切断)点火开关,小心地用螺丝刀撬开紧固夹。随后拔下控制单元的连接插头,取出旧的控制单元。

注意:拔下发动机 ECU 的插头后,发动机 ECU 断电,尽管储存在 ECU 故障存储器中的内容仍然保留,但是发动机电子控制系统的自适应值将从 ECU 中被清除。

2.1.2 安装发动机电子控制系统的控制单元

按照与拆卸发动机 ECU 相反的步骤安装。安装好发动机 ECU 后,应完成下列操作:

(1)给新发动机 ECU 编码。
(2)进行节气门控制单元(J338)自适应(捷达输入 060、桑塔纳输入 098)。
(3)进行防盗器与发动机电子控制系统自适应。
(4)对于带车速控制装置的车,要将其余发动机电子控制系统接通。
(5)对于带自动变速器的车,要进行强制低速功能自适应。
(6)查询并清除故障存储器。

换上新的发动机 ECU 以后,需要进行发动机控制系统的自适应,在发动机基本设定的初始自适应阶段,发动机可能怠速不稳和运转不平顺。

2.2 检查喷油阀

2.2.1 对喷油阀进行电气检查

拔下被检喷油阀插头,用万用表(电阻挡)测量喷油阀两个引脚间的电阻(规定值为 13.5 ~ 15.5Ω,发动机达到工作温度后,喷油阀电阻值升高 4 ~ 6Ω),如果电阻未达到规定值,更换喷油阀;如果达到规定值,检查供电。

2.2.2 检查喷油阀喷油量、密封性和喷油形状

(1)检查条件:燃油压力正常。
(2)检查步骤:

①图 5-11 所示为 V 型 6 缸发动机,拆下空气流量计处的进气管,拔下喷油阀插头,从进气歧管上拧下燃油分配管的螺栓,从燃油压力调节器上拔下真空软管,从进气歧管上抬起带喷油阀的燃油分配管并支撑住。

②将被检测的喷油阀放到 V.A.G1602 中的量杯内,将检测盒 V.A.G1698/31 接到发动机电子控制系统线束上,不接发动机电子控制系统,用 V.A.G1594 的辅助接线柱连接检测盒上的触点 1 和 65(这一步是将搭铁接到燃油泵继电器线圈的一侧)。

③检查密封性。打开(接通)点火开关(说明:打开点火开关后,燃油泵一直运转,即使发动机停止,燃油泵继电器通过中央电器盒正极,通过检测盒上的跨接线接负极,仍然构成一个回路使燃油泵运转)。燃油泵运转时,每个喷油阀每分钟漏油不超过 1 滴。如果漏油量大,切断燃油泵(切断点火开关),更换损坏的喷油阀。

④检查喷油量。将被检测的喷油嘴放入 V.A.G1602 的量杯中,用 V.A.G1694 中的检测线盒鳄鱼夹将喷油阀的一个引脚与发动机搭铁相连。用遥控器 V.A.G1348/3A、连线 V.A.G1348/3-2 和辅助接线将喷油阀另一个引脚接正极,如图 5-12 所示。

单元五 发动机电子控制系统的检修

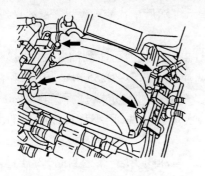

图 5-11 拆卸喷油阀

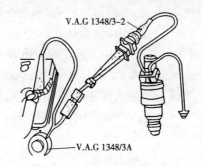

图 5-12 连接喷油阀

接通点火开关,燃油泵应运转,操纵遥控器 V.A.G1348/3A 约 30s,一侧缸体的三个喷油阀都触发后,将三个量杯放到一个水平面上,每个喷油阀喷油量的规定值为 90～125mL,如果一个或几个喷油阀的测量值超差,切断燃油泵(切断点火开关),更换损坏的喷油阀。检查缸体另一侧的三个喷油阀的喷油量。

如果所有喷油阀的测量数值都超差,检查燃油压力。

注意:检查喷油量时,也要检查喷油形状,所有喷油嘴的喷油形状应相同。

⑤带喷油阀的燃油分配管的安装可以按与拆卸相反的顺序进行,安装过程中注意以下内容:

a. 更换拆开的连接处的 O 形环(更换喷油阀的前密封圈时,不要拆下喷油阀头部的塑料盖,O 形环要从塑料盖上取下)。

b. 用干净的发动机机油浸润 O 形环。

c. 喷油阀应垂直向下推到台肩上的虚孔内,用卡夹固定。

d. 将已经装好喷油阀的燃油分配管装到进气歧管上并均匀压入。

2.2.3 应用清洗设备(QDCQ - A 型)对喷油阀进行测试

(1)操作前的准备工作:

①用设备所配的电源线接入 220V/50Hz 交流电。

②检查确认机器后板上的泄油阀手柄处于横向关闭状态后,向集油槽中加入 93 号汽油,观察油位计的液面应在最上位置。不要过少,以免缺油导致油泵损坏。

③准备喷油阀。

a. 测试油和清洗液的清洁程度直接影响喷油阀和清洗设备的寿命,故测试用油要经常更换,严禁测试油与清洗液混用。

b. 清洗液会腐蚀喷油阀外层油漆,为保证清洗液的纯度,必须将针阀一端(小头)的油漆擦掉。

c. 用汽油或煤油彻底洗掉喷油阀外部油污。

d. 反向冲洗。

(a)将供油管的接头接在反向冲洗支架快接嘴上,喷油阀尾端套上合适的 O 形圈后,插入合适的反向冲洗连接器(FL01 - FL04),尾端向上,头端装配好合适的定位挡片,然后压装在反向冲洗架上,同时插上脉冲线。

(b) 打开电源开关,电源指示灯亮,其他各指示灯随后依次点亮熄灭,表示自检一遍,最后"结束状态"灯亮,自检结束,等待指令。

(c) 按"开始"键,该指示灯亮("泄漏试验"灯也亮),这时可听到油泵轻微的"嗡嗡"声,同时油压表指针上升,缓慢旋转"压力调节"旋钮调油压至 0.3~0.35MPa,按下"喷油测量"键,再按"喷油次数设定"键,选择 4000 次挡,然后按"转速脉冲设定",选择 2400r/min 挡,即开始进行约 2min 反向冲洗。一般喷油阀只需进行一次反向冲洗,用小杯接住喷出的废油不要再用,必须废弃。

(d) 取下分配器组件放在操作平台上,拆开,将喷油阀头端(带密封圈)旋压进对应的连接器 DL-O2 中,尽量使喷油阀平躺,再把连接器小头旋压进分配器的接口上。使喷油阀全部平躺,用分配器支架及其两端压紧螺栓小心夹持住喷油阀,注意要防止喷油阀跌落、碰撞,导致直接报废。将不用的接口用堵头堵上。最后,将分配器支架小心地放到量筒架上,接上供油管。

(e) 将电控脉冲线插头插入喷油阀的插座内。

(f) 向超声波清洗槽内倒入约 2L 清洗液,放好清洗架。

(2) 检漏试验:喷油阀准备好后,按"开始"键,机器自动进入检漏程序,油压表显示出压力值,一般可调"油压调节"旋钮使油压为 0.25MPa,观察喷油阀,1min 内滴漏少于 1 滴为正常,标记好超标的喷油阀,按"结束"键暂停。

(3) 喷油测量:将喷油阀放在量筒架上,按"喷油测量"键,其指示灯亮,调油压为 0.25MPa,再按"喷油次数设定"键,选择喷射次数,即设定观察时间长短,再按"转速脉冲设定"键,即可观察比较各喷油阀的喷油量。按"结束"键可中断喷射,按"开始"键可继续,直至满足设定次数自动停止。观察各量筒油量差异是否小于 7%,大于 7% 为不合格。

(4) 喷雾试验:将喷油阀架小心卡入透明喷雾槽的定位缺口内,按"喷雾试验"键,指示灯亮,再按"次数设定"键,选择喷射次数,即设定观察时间长短,再按"转速脉冲设定"键,设置转速的快慢(快,设置 7200r/mim;慢,设置 2400r/min)。然后按"开始"键,即可观察每个喷油阀的喷雾形状。看其是否连续稳定,若不成锥体或喷雾有脉动,表明有堵塞,需要清洗。

按"结束"键可中断喷雾,按"开始"键可继续,直至满足设定次数自动停止。

(5) 不解体清洗(就车清洗):

① 将车辆的汽油泵继电器拆下或将熔断丝盒内油泵熔断丝拆下,或将其进油管与回油管短接。

② 发动车辆消耗掉管路中残余的燃油(起动发动机 3 次)。

③ 关机后,将按规定比例配制的 2L 清洗液倒入喷雾槽中。注意应先放尽原有汽油,并关好放油阀。

④ 将带有球阀的回油管一端与本机的回油快接口连接,另一端与车辆油压调节器上的回油管路相连。

⑤ 选择合适的接口(附件)与车辆喷油器的进油管相连,另一端通过加长管与本机供油管相连。

⑥ 将"回油管"的球阀打开。

⑦ 给本设备接通电源,按"开始"键,调节好合适的压力,发动车辆即可进行免拆清洗。如果发动后油压有所下降,可调节"回油管"的球阀。清洗时间一般为 15min 或更长,按"结束"

键即可停止。

⑧在最后几分钟内关闭本设备"回油管"的球阀,使之对车辆进行最后的高压清洗。

⑨清洗结束后,切断电源,先打开"回油管"的阀门,再拆下其他管件。

⑩恢复车辆供油系统,起动发动机运转数分钟后熄火,用连接在燃油分配管上的油压表检查有无泄漏。

(6)超声波清洗:从油路分配器上取下喷油阀,保留脉冲线,用干净抹布擦干净,一一放入清洗架圆孔中,再将清洗架放入清洗池中(事先要加入1L清洗液)。按"清洗"键,然后按"开始"键,即进行超声波清洗,一般清洗15min即可。保持脉冲线,取出喷油阀并擦干净。

(7)清洗后的油量试验同前喷油测量部分所述,比较后剔除不合格喷油阀。

(8)清洗后的喷雾试验同前所述,比较后剔除不合格喷油阀。

(9)测试结束后的整理工作:

①关掉总电源。

②将量筒内残油翻倒回油槽内。

③打开机器背后的泄油阀,把汽油放回油桶后,关闭泄油阀。

④将调压旋钮回零。

⑤清点附件后装回附件箱,放进工具柜。

⑥擦净台面上的残油,摘下供油管快接头,放入集油槽,盖上防尘盖。

(10)用简易的气压设备进行不解体清洗(即就车清洗)。

①首先使电喷发动机的汽油管路泄压:拔下熔断丝盒中电动汽油泵的熔断片(或拔下油泵继电器、或拔下汽油箱上的油泵电插头)使汽油泵断电,起动发动机运转至熄火,再起动发动机1~2次至熄火。

②将清洗剂罐的输出管接头接至与喷油器相连的供油管上(可连接到测压接头上,或通过三通连接到供油管上)。

③将清洗剂倒入清洗剂罐中,拧紧清洗罐上盖。

④将供气管路接至清洗剂罐的气压连接管路接头上。

⑤顺时针方向逐渐转动清洗剂罐盖上的调压旋钮,使气压表的读数逐渐达到该发动机怠速时规定的汽油压力值(多数电喷发动机为0.25MPa)。

⑥用弧形刃口的钳子将汽油压力调节器的回油橡胶管夹紧(或用专用管接头堵住),防止清洗剂流回汽油箱。

⑦起动发动机使之怠速运转,减压阀调整的恒定气压将推动清洗剂从各喷油器喷出,待将清洗剂全部烧完后熄火。

⑧拆下清洗剂罐及连接的三通,恢复汽油管路的原有状态。

⑨取下汽油压力调节器回油橡胶管上的钳子(或专用管接头)。

⑩重新接好汽油泵熔断丝(或油泵继电器、或汽油箱上的油泵电插头),恢复到汽车的原有状态。

2.3 废气涡轮增压系统的检修

汽车装备废气涡轮增压器的目的,是为了利用发动机排气气流的动能,推动涡轮和压气机高速旋转,对进气进行压缩,以便在加速和高负荷工况下增加汽缸的进气量,提升发动机的输出功率。废气涡轮增压器实质上是一台气体压缩机,增压器将发动机的排气系统与进气系统联系在一起,所以进气系统与排气系统相互影响,从而增加了废气涡轮增压型发动机故障诊断的难度。

某些发动机的增压控制系统如图 5-13 所示。

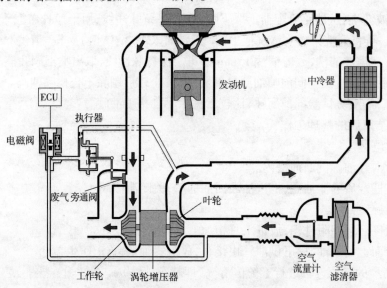

图 5-13 某些发动机的增压控制系统

2.3.1 废气涡轮增压器工作性能的判断方法

(1)踏住加速踏板,将发动机加速到 3000r/min 以上,使废气涡轮增压器起作用。用手握住节气门之前的进气软管,进气软管应该有膨胀感觉,此时软管内的气体压力激增(为 160～180kPa)。如果手推进气软管感觉柔软甚至收缩,说明涡轮增压器工作失常。

(2)测量发动机进气歧管压力。在涡轮增压器起作用时其压力应当大于 102kPa;在发动机熄火后,进气歧管的压力等于大气压力。

(3)读取数据块。以上海大众帕萨特 B5 1.8T 为例,连接故障诊断仪,进入 01 – 08 – 115,检查第 3 区、第 4 区两个增压值是否一致。一般来说,实际值可以略小于标准值,但是差值不可超过 20kPa。如果相差过多,说明增压能力不足,增压系统或排气系统有故障。

注意:如果帕萨特 B5 1.8T 的废气涡轮增压器损坏,自诊断系统可能记忆"汽缸中可燃混合汽燃烧不良"的故障码。

2.3.2 排气系统堵塞对增压器性能的影响

从发动机的结构与原理看,汽缸内的废气在排出前具有相当大的能量,从排气门排出后,驱动涡轮高速旋转,势能转化为动能,然后压力下降。因此,废气流的流速越快,驱动涡轮的能力越强。如果排气管堵塞,废气会在排气管内积聚,使排气背压升高,汽缸内外的气压差减小,废气气流的速度和压力降低,造成涡轮转速以及与涡轮同轴的压气机叶轮的转速降低,增压能力必然下降。另一方面,排气背压过高时,汽缸内残留的废气增多,新鲜空气充入量减少,由于废气的稀释作用,使混合汽相对稀薄,也会造成发动机功率下降。由此可见,排气系统堵塞对涡轮增压器工作的影响是叠加性的。因此，必须保持排气管路的畅通。检查排气管是否堵塞的方法是测量排气管的背压。

2.3.3 若发动机功率下降应检查增压器是否漏气

废气涡轮增压型发动机的进气系统由空气滤清器、涡轮增压器、中冷器、进气歧管以及连接管道组成。如果进气系统漏气，将降低增压效果，引起怠速不稳、加速不良和功率下降等现象。废气涡轮增压型发动机进气系统容易漏气的部位有以下几处：

(1)空气滤清器至增压器压气机进气口之间的接头处，此处漏气会引起汽缸的过早磨损，加速增压器的损坏。

(2)增压器的进气口和排气接口处漏气。

(3)增压器至进气歧管之间的连接胶管，此处漏气会使进气压力下降，导致发动机的动力不足。

检查进气管路是否漏气，可以采用"涂水法"。需要说明的是，检查进气系统的密封性不能局限于进气管，还需要延伸到废气涡轮增压器的废气输入端，即发动机的排气歧管。例如，一辆装有电控柴油发动机的车辆，行驶中加速反应迟缓，发动机运转声音发闷，动力明显不足。检查电源、传感器及其连接线路，没有发现问题；连接故障诊断仪，没有读到故障码；对燃油供给系统一路排查下来，都正常；又检查了涡轮增压器、中冷器及其管路接头，也正常；最后发现，在排气歧管垫的两缸接口处有一处不明显的漏气，只有在急加速时才有轻微的黑烟冒出来。将发动机熄火后，检查排气歧管的固定螺栓，发现有两个螺栓松动。原来该车在其他的修理厂更换过汽缸垫，由于排气歧管的固定螺栓未可靠拧紧，造成排气歧管接口处漏气，所以驱动涡轮的废气压力下降，导致在大负荷时增压效果变差，最终引起发动机动力提升滞后的故障。

总之，必须保持废气涡轮增压器与进气管、排气管连接处的密封可靠性。

2.3.4 若机油消耗量增加应检查增压器是否漏油

漏油是废气涡轮增压器的一种常见故障。如机油从涡流室泄漏，会随废气从排气管排出；如机油从压气机泄漏，会随空气进入燃烧室，都将造成积炭增多。

一些发动机的增压控制部分连接如图 5-14 所示。增压压力限制电磁阀(N75)上有三个管口 A、B、C，通过橡胶软管分别与增压器压气机出口、增压压力调节单元(或称为真空单元、气动执行器)及低压进气管(压气机入口)相连。

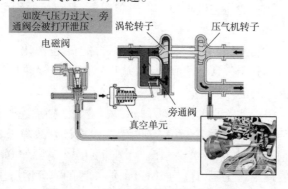

图 5-14　一些发动机的增压控制部分连接

增压器漏油分为以下几种情况：

（1）对外漏油，会造成机油缺失，发动机的机油压力降低，影响发动机的正常润滑，增加增压器轴承的磨损。

（2）向进气系统漏油，会造成发动机冒蓝烟、积炭增加及怠速不稳。如果发动机冒蓝烟（可能是排机油），需要检查废气涡轮增压器是否向进气管漏油。

例如，一辆奥迪 A6 1.8T 汽车，行驶里程 9 万 km，在一次长途行驶后，出现发动机怠速抖动、偶尔熄火和动力不足的故障。检查燃油压力调节器，正常；更换电动燃油泵，无效；拆下增压系统中冷器的进气口软管，从软管中流出了机油，中冷器的栅格处凝结着油垢，这些机油阻碍了气体的流通。排除漏油故障，清洗中冷器，更换三元催化转化器后，故障不再存在。这是由于涡轮增压器的油封损坏引起漏油，泄漏的机油经过中冷器进气软管、中冷器、节气门体，然后进入汽缸燃烧，形成了大量的胶质，最后随着排气气流黏附在三元催化转化器内，所以造成发动机动力下降。

（3）向排气系统漏油，不仅危害三元催化转化器，使其受到污染和失效，而且容易引起排气管路堵塞，降低发动机的输出功率。

至于漏油的原因，如果增压器在涡轮一端泄漏机油，应当检查涡轮增压器的回油管和发动机曲轴箱的通气阀是否发生堵塞。另外就是增压器的密封环损坏，废气通过密封环进入发动机的润滑系统，导致机油污染变质，并且使曲轴箱的压力迅速升高。同时，在发动机低速运转时，机油通过密封环向排气管排出，或者进入燃烧室燃烧，从而造成机油过度消耗，产生"烧机油"现象。

为了减少增压器漏油，应当做好以下维护工作：

（1）中间壳体上的机油进油口和出油口应当垂直安装。出油管从增压器接出后，应当逐渐地弯曲并连接到曲轴箱，中途不得有"死弯"，以防回油不顺畅而迫使机油向涡轮室或压气机渗漏。

（2）避免长时间怠速运转。若增压器长时间（10min 以上）怠速运转，因涡流室和压气机中的压力比较低，少量润滑油有可能通过密封件渗漏进来，使压气机叶轮上黏附机油，降低增压器的工作效率。

（3）保持中间壳体回油通道畅通、管道不变形、密封件（密封环、油封）不损坏。

2.3.5　若有爆震现象应检查废气旁通阀是否失常

增压型发动机发出异响，往往是汽缸内存在爆震现象，其产生原因可能是增压器废气旁通阀失常所引起。

废气涡轮增压器的废气旁通阀一般利用节气门后方的负压来驱动。废气涡轮增压系统设置旁通阀的目的，是让一部分废气从旁通阀排出，从而适时降低涡轮增压器叶轮的转速，减小增压压力，以抑制发动机爆震的产生。

例如，一辆帕萨特 B5 1.8T，行驶里程 12 万 km，在二挡、三挡加速时，发动机无规律地发出"咯啦、咯啦"的异常响声。连接故障诊断仪 VAG1552，没有读到故障码。进行路试，读取数据流（着重检查增压压力值），进入 01－08－115。当车辆挂入三挡从 40km/h 的车速缓慢加速时，诊断仪显示第 3 区的理论增压压力值为 101kPa，第 4 区的实际增压压力值为 127kPa，并听到发动机发出"咯啦、咯啦"的响声，说明故障原因是实际增压压力过大，导致发动机发生爆震。于是检查旁通阀是否能开启，该旁通阀依靠与增压器压气机出口后相连的进气管送至气

单元五 发动机电子控制系统的检修

动执行器(真空单元)或其控制电磁阀的气压而开启。拆下发动机上部的护罩,发现气动执行器(真空单元)或电磁阀与压气机出口后的进气管之间相连的管路异常,用手捏该管路就断成几段(可能是发动机长期高温烘烤的结果),导致旁通阀无法开启。更换气动执行器(真空单元)或电磁阀与压气机出口后进气管之间相连接的管路,再次试车,数据流第4区的实际增压压力值降为110kPa,不再出现爆震声。

2.3.6 若增压器烧得通红应检查混合气是否过稀

涡轮增压型发动机高速运转一段时间后,有时废气涡轮增压器及附近的排气管会出现发红现象。一般来说,当发动机的排气温度达到730℃时,增压器外壳开始发红。

例如,一辆奥迪A6 1.8T,由于喷油器堵塞,引起混合气过稀,汽缸内混合汽燃烧迟缓引起后燃,最终导致废气涡轮增压器烧得通红。上海大众帕萨特B5 1.8T也有类似的情况。

废气涡轮增压器烧得通红是一种过热的表现。这种故障一般是因为汽缸内混合气燃烧迟缓。燃烧迟缓的常见原因是,点火提前角过小以及混合气过稀。当混合气过稀时,过量空气系数(λ)变大,火焰的传播速度较慢,燃烧时间变长,燃烧气体与汽缸壁接触的时间增长,因而容易引起发动机过热。另一方面,在排气行程终了时,汽缸内还有燃烧火焰,当排气门一开启,含有未燃烧成分的废气排出,在排气管中继续燃烧,就会将增压器烧红。

为了准确判断汽缸内的燃烧状况,可以连接故障诊断仪,进入"01-08",查看数据流,第34组的第2显示区显示三元催化转化器的工作温度,以它做参考。如果在880℃以下,增压器发红的现象可以忽略,因为废气涡轮增压器外壳的耐高温性能可以达到1050℃;如果超过880℃,应当做进一步检查。

2.3.7 废气涡轮增压器的维护要点

(1)由于涡轮增压器多位于发动机的顶部,而所用的机油来自发动机的油底壳,机油经过机油冷却器和机油滤清器之后,才能到达涡轮增压器,中间需要一个较长的过程,因此废气涡轮增压型发动机应当用小节气门起动,升温前不加速。停车锁车前,怠速运转一段后再熄火,其目的是为了确保增压器全浮式轴承的润滑及机油的冷却。

(2)在检测废气涡轮增压型发动机的过程中,要防止发动机被憋灭。如果涡轮增压型发动机在大负荷状态下被憋熄火,应当设法重新起动,怠速运转一段后再熄火,以防热量大量聚积而造成增压器的轴承抱死。

(3)要防止发生运动干涉现象。建议发动机一熄火就倾听增压器叶轮与泵壳之间有无"嚓嚓"的碰撞声音。如有,应当拆开检查转子轴的轴向间隙和径向间隙是否符合规定,避免高速旋转的叶片与壳体发生接触和摩擦(类似于发电机"扫膛"现象)。具体检查方法是:用百分表测量增压器轴的轴向间隙;用塞尺测量径向间隙,即向一侧按住压气机叶轮的螺母,在进气侧用塞尺测量压气机导风叶片与压气机机壳之间的间隙。如果上述间隙正常,再检查浮动轴承是否磨损过甚、增压器机壳是否变形、转子轴是否失去动平衡。

2.4 缸内直喷汽油发动机进气门等部件积炭的形成原因和应对措施

2.4.1 缸内直喷汽油发动机进气门等部件积炭的形成原因

产生积炭是发动机工作过程中不可避免的一种现象。一般情况下,节气门、进气歧管、进气门、汽缸、喷油嘴等处都会形成积炭。过多的积炭会导致发动机运转不稳、动力下降、油耗升高、尾气排放超标等问题。

汽油本身就是很好的积炭清洗剂(有机溶剂)。对于进气歧管喷射的发动机工作时,汽油喷射在进气歧管的末端进气门的背后,喷油嘴喷出的汽油通过进气歧管、进气门进入汽缸,在这个过程中,汽油可顺带对这些部位起到清洗作用。对于进气歧管喷射的发动机,即便是节气门背部产生了少量积炭,那么,按照一定的维护周期,定期用清洗剂采用免拆清洗的方式就可以起到清除作用。

而对于缸内直喷发动机,由于喷油嘴直接将汽油(或免拆清洗时加入的清洗剂)喷入汽缸,结构上不具有对进气歧管、进气门的"自清洁"功能。因此,进气歧管、进气门处就逐渐积累产生积炭,尤其是进气门头背部的积炭要严重得多。

曲轴箱通风系统是产生积炭的一大诱因,窜入曲轴箱的机油蒸气会被引入到进气管,再通过进气歧管、进气门进入汽缸燃烧,由于先期机油和机油蒸气分离不彻底,就会有少量的机油掺杂其中,附着在进气道以及进气门背部的机油,在此部位工作的温度下形成积炭。废气再循环系统是进气门背部积炭的另一诱因,发动机工作时,约10%的废气又循环进入进气歧管,废气中携带的燃烧室中脱落的少量积炭、杂质,又被粘结在歧管内壁、特别是被进气门头阻挡集结在进气门头的背部。反观排气门部位,受到燃烧后的高温废气加热(不像进气门频繁受环境温度进气气流的冷却作用)和排气气流作用,其形成积炭的可能性要小得多,这些积炭物质基本上被高温燃烧而排出。

图 5-15 所示是某行驶不足 2 万 km 的缸内直喷汽油发动机拆下进气歧管总成的情况。图 5-16 所示是某行驶不足 2 万 km 的缸内直喷汽油发动机进气门头背部的积炭情况。图 5-17 所示是某行驶不足 2 万 km 的缸内直喷汽油发动机喷油器的积炭情况。

图 5-15　某行驶不足 2 万 km 的缸内直喷汽油发动机拆下进气歧管总成的情况

图 5-16　某行驶不足 2 万 km 的缸内直喷汽油发动机进气门头背部的积炭情况

2.4.2　缸内直喷汽油发动机进气门等部件积炭的应对措施

对于缺少"自清洁"能力的缸内直喷发动机来说,进气门背部的积炭问题主要在于曲轴箱通风系统,但它又是维持发动机环保、低耗运转的基本装置,因此,唯有对曲轴箱通风系统进行再度优化。

2.4.2.1 油气分离措施

早期的发动机对于曲轴箱通风系统回收来的混合气(夹杂机油蒸气)没有太多限制,基本是直接送入汽缸燃烧,之后为了控制通过这条途径进入汽缸的混合气的成分,特此在过滤装置上进行优化,从原先的止回阀到之后的迷宫式、旋风式、离心式等油气分离器,为了达到更好的分离效果,还有采用两种或三种分离器相结合使用的情况,它们都是为了将混合气中的机油尽可能的分离并送回发动机润滑系统,其余气体送入汽缸燃烧。

图 5-17 某行驶不足 2 万 km 的缸内直喷汽油发动机喷油器的积炭情况

尽管如此,无论是使用性能更好的离心式油气分离器,还是使用两种甚至三种分离器组合成一套油气分离的系统,还是无法保证机油和机油蒸气彻底分离,这也就意味着被送入汽缸燃烧的混合气中夹杂一定的机油。

2.4.2.2 正确使用和维护涡轮增压器

目前涡轮增压发动机的寿命已经大幅提高,很多增压车型行驶 10 万 km、甚至 20 万 km 都没有出现涡轮增压器损坏的现象。而出现问题的大部分涡轮增压器都是因为涡轮增压器和进气管之间的油封损坏,造成烧机油,并在进气管、进气门、燃烧室内、排气管、催化器、消声器等处产生积炭。而油封损坏的主要原因是更换润滑油的周期太长或使用劣质润滑油,造成浮动的涡轮轴缺少润滑和散热,进而损坏了油封,造成漏油。涡轮增压器的轴承采用充满了机油的浮动式设计,涡轮轴工作转速极高,轴承依靠润滑油来润滑与散热(含冷却液散热)。如果因油压低导致机油供给缓慢,就会损坏轴承从而导致涡轮增压器失效。因此,应选用抗磨性好、耐高温、润滑油膜建立快、油膜强度高和稳定性好的合成机油、全合成机油等高品质机油。同时,还要使用高品质的燃油、发动机熄火前再怠速运转几分钟,使涡轮轴降速、机油降温。

2.4.2.3 改善优化燃油喷射系统

在发动机新技术结构方面,一种方案是研发、优化发动机燃油缸内外双喷射系统。该发动机拥有两套燃油喷射系统,除了缸内直喷的喷嘴以外,还在进气歧管内设计了喷嘴,可以根据行驶状况,在缸内直喷与进气歧管喷射之间进行智能切换,确保全路况高效的动力输出和最佳的燃油经济性。发动机冷起动时,采用进气歧管喷射;低中负荷时,采用歧管和缸内混合喷射,提升转矩,降低油耗;高负荷时,采用缸内直喷,提升功率。

这样,全新发动机既解决了缸内直喷发动机在低转速、低负荷下容易积炭的问题,又提高了发动机在高负荷下的燃烧效果,动力输出效率更高,油耗表现更好,这也成为直喷技术新的发展方向。

当发动机使用一定里程后,积炭积累到一定程度时,因缸内直喷发动机进气门处的积炭无法用免拆的方式清除,一般会采用拆下进气道的方式清除积炭。清除积炭可用机械或化学方法并借助有关清洗设备进行。

图 5-18 所示是用超声波清洗缸内直喷汽油发动机喷油器的情况。

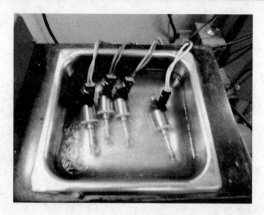

图 5-18 用超声波清洗缸内直喷汽油发动机喷油器的情况

3 美国系列轿车发动机电子控制系统主要部件的检修

3.1 燃油滤清器的更换

3.1.1 别克新世纪轿车发动机燃油滤清器的更换

图 5-19 所示为燃油滤清器的拆装示意图。拆卸时,先释放燃油系统中的压力,并打开燃油箱加注口盖,再升起车辆,拆卸直列式燃油滤清器进口处的快速连接接头,断开直列式燃油滤清器出口处的螺纹接头。将残留的燃油放入汽油容器,拆卸滤清器和托架,从托架上拆卸燃油滤清器。

安装时,如图 5-19c)所示。先拆掉新直列式燃油滤清器的防护罩,然后将新直列式燃油滤清器套在滤清器的托架上,再安装燃油滤清器和托架,接着重新安装托架螺栓,托架螺栓的拧紧力矩为 20N·m。

如图 5-19b)所示,连接直列式燃油滤清器进口处的快速接头;连接燃油滤清器出口处的螺纹接头;用夹紧扳手防止燃油滤清器旋转;紧固燃油滤清器出口螺母,拧紧力矩为 30N·m;降下车辆,安装燃油箱加注口盖;重新连接蓄电池负极电缆。起动发动机,检查燃油是否泄漏。

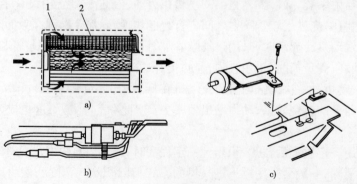

图 5-19 直列式燃油滤清器的拆装
1-壳体;2-滤芯

3.1.2 福特天霸轿车发动机燃油滤清器的更换

拆卸时,将发动机熄火,如果没有减压阀,参照之前所述方法,将燃油系统泄压后,必须在滤清器的接口处包上一层纱布,防止管内汽油喷出。由于汽油易燃易爆,因此在拆卸和安装任何燃油元件时都必须十分小心。拆下滤清器末端的接头。在支架上必须用箭头标明燃油的流向,以确保在重新安装滤清器时,燃油流向正确。旋松每个夹头处的固定夹,从支架上拆下燃油滤清器。

安装时,将滤清器装在支架上,确保流向与拆卸时所标明的一致。然后用 1.7～2.8N·m 的力矩将卡环夹紧。按图 5-20 所示,将各处接头装上。起动发动机,检查泄漏情况。

3.2 燃油泵的更换

3.2.1 别克新世纪轿车发动机燃油传送器总成的更换

燃油传送器总成安装在燃油箱顶部,从燃油箱顶部伸入燃油箱。传送器总成由燃油泵、燃油传送器滤网、燃油泵滤网、翻转阀、燃油液面传感器和燃油箱压力传感器组成。如图 5-21a)所示,拆卸时,先释放燃油系统中的燃油压力;拆卸备胎盖、千斤顶和备胎;拆卸燃油传送器维修口衬板紧固螺母;拆卸燃油传送器维修口衬板;断开燃油压力传感器插

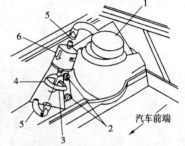

图 5-20 燃油滤清器的拆装
1-挡泥板;2-螺钉与垫圈;3-卡环;4-滤清器支架总成;5-油管;6-燃油滤清器

接器;断开燃油传送器插接器;清理燃油管和燃油传送器总成,防止拆卸时造成燃油污染,断开燃油传送器总成快速连接接头。

如图 5-21b)所示,先拆卸燃油传送器定位弹簧卡环,然后拆卸燃油传送器总成。清理燃油传送器总成 O 形密封圈密封面。检查燃油传送器总成 O 形密封圈密封面。

安装时,如图 5-21b)所示,先将新燃油传送器总成 O 形密封圈放在燃油箱上。然后将燃油传送器总成装入燃油箱。安装新燃油传送器总成定位弹簧卡环。连接燃油传送器插接器。连接燃油传感器插接器。将快速连接接头连接到燃油传送器总成上。再安装加注口盖。连接蓄电池负极电缆。接通点火开关,检查是否泄漏。

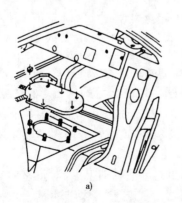
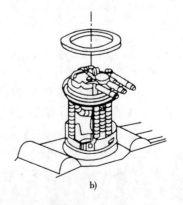

图 5-21 燃油传送器总成的拆装

安装燃油传送器总成时,必须小心操作,不得折弯或扭转燃油泵滤网,否则会阻碍燃油的

流动。此外，必须保证燃油泵滤网不能堵塞。

注意：务必用原装紧固件和金属件连接燃油管和燃油滤清器。

如图5-21a)所示，先安装燃油传送器总成维修口衬板，然后安装燃油传送器总成维修口衬板紧固螺母，拧紧力矩为10N·m。最后安装行李舱衬套、备胎、千斤顶和备胎盘。

3.2.2 雪佛兰柯西佳轿车发动机燃油泵的更换

拆卸时，首先释放燃油系统的压力，抽出燃油箱中的燃油，拆下燃油箱。如图5-22所示，拆下燃油泵与燃油传感器组件。拆下燃油外集滤器。从导线插接器上拆下插接器定位销(图5-22中的8)，拔掉燃油泵导线插接器。

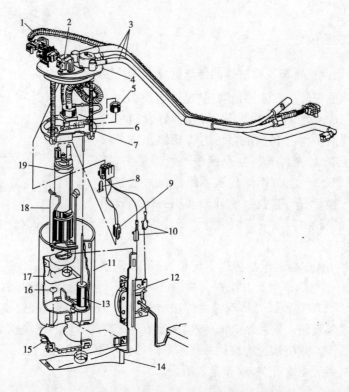

图5-22 燃油泵与燃油传感器组件

1-燃油泵与燃油传感器组件线束；2-插接器；3-燃油管；4-燃油泵盖总成；5-油封与阻尼器；6-支撑总成；7-燃油泵储油罐固定架；8-插接器定位销；9-燃油泵线束；10-燃油传感器线束；11-储油罐；12-燃油传感器总成；13-储油罐喷射泵；14-外集滤器；15-底座；16-燃油泵储油罐进油止回阀；17-燃油泵集滤器；18-燃油泵隔声罩；19-燃油泵

如图5-23所示，缓慢地放松燃油泵与燃油传感器组件与盖的锁舌。首先挤压储油罐，放松油位传感器相对一侧的锁舌，以同样的方法顺时针方向放松第2个和第3个锁舌。

提起燃油泵盖总成，以便于拔掉燃油泵导线插接器。逆时针方向转动燃油泵隔声罩，从固定架上拆下燃油泵和隔声罩总成，如图5-24所示。

将燃油泵出油口从槽中滑出。拆下燃油泵油封与燃油脉动阻尼器，如图5-25所示。

安装时，首先将燃油泵油封与燃油脉动阻尼器总成装上。将燃油泵出口插入储油罐盖的槽内。将燃油泵和隔声罩总成装到储油罐固定架上，顺时针方向转动，直至达到正确位置。

单元五　发动机电子控制系统的检修

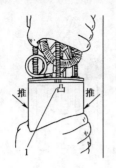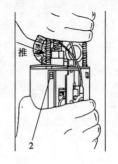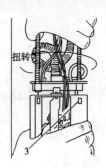

图 5-23　储油罐的拆卸
1-锁舌 1；2-锁舌 2；3-锁舌 3

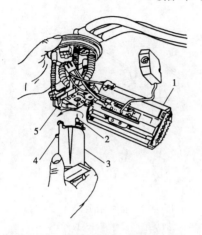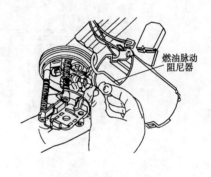

图 5-24　燃油泵和隔声罩总成的拆卸
1-储油罐；2-出油管；3-燃油泵总成；4-定位爪；5-燃油泵及储油罐固定架

图 5-25　燃油脉动阻尼器

将固定架与燃油泵总成放入储油罐，对齐 3 个锁舌，将固定架压到储油罐上，使 3 个锁舌都锁紧。

注意：拉动燃油泵储油罐与固定架，确认锁舌锁紧。如果锁舌不能锁紧，应更换整个燃油泵与燃油传感器组件。

连接燃油泵插接器。安装插接器定位保险；安装新的储油罐外集滤器；安装燃油泵与燃油传感器组件；安装燃油箱。

3.2.3　道奇捷龙汽车燃油泵的更换

拆卸时，首先拆下燃油注入器盖，释放燃油压力。断开蓄电池负极电缆。将燃油虹吸管插入注入器并使其进入油箱，把油箱内的油排空。将汽车顶起，用千斤顶支撑燃油箱。将燃油箱的卡箍带螺栓拆下，轻轻放下油箱。清洗燃油箱表面，如图 5-26 所示。用拇指和食指压下快速连接器，将燃油泵上的燃油管路断开。将燃油泵的电气插接器松开。

压下插接器限位器并将插接器拆开，如图 5-27 所示。

如图 5-28 所示，用专用工具 6856，按逆时针方向拆下塑料锁止螺母，松开燃油泵。

如图 5-29 所示，小心拆下燃油泵和 O 形环。替换废旧 O 形环。

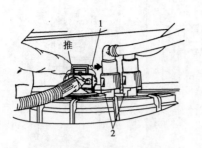

图 5-26 燃油管路和燃油泵插接器
1-插接器锁止；2-插接器

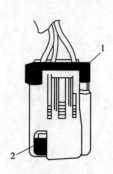

图 5-27 拆开燃油泵的插接器
1-插接器限位器；2-插接器锁止

图 5-28 燃油泵锁止螺母的拆卸

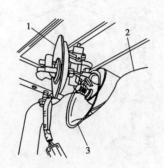

图 5-29 燃油泵的拆卸
1-燃油泵组件；2-油箱；3-O 形环

安装时，首先清洗燃油箱的密封处，装上一个新的 O 形环。把燃油泵用锁止螺母固定在燃油箱内，以 58N·m 的力矩紧固锁止螺母。连接燃油管路，接好线路插接器。将燃油箱抬高，用螺栓将燃油箱卡箍拧紧。将车辆停于举升器上。接上蓄电池负极电缆。向燃油箱内注油，检查是否泄漏。如果完好，装上燃油注入器盖。

思考与练习

一、简答题

1. 发动机电子控制系统检修注意事项有哪些？
2. 怎样进行电喷汽油发动机燃油压力的检查？
3. 怎样进行电喷汽油发动机燃油泵的检查与更换？
4. 怎样进行电喷汽油发动机喷油器的检修？
5. 怎样进行电喷汽油发动机怠速控制装置的检修？
6. 怎样用清洗设备（QDCQ–A 型）对电喷汽油发动机喷油阀进行测试？
7. 怎样用 QDCQ–A 型设备对电喷汽油发动机喷油阀进行不解体清洗？
8. 怎样用简易的气压设备对电喷汽油发动机喷油阀进行不解体清洗？
9. 怎样进行废气涡轮增压系统的检修？
10. 说明缸内直喷汽油发动机进气门等部件积炭的形成原因和应对措施。

二、选择题

1. 对于丰田系列电喷轿车,当短接检查连接器中的(　　)时,接通点火开关后,电动汽油泵将通电泵油。
   A. TE_1 与 E_1　　B. TE_2 与 E_1　　C. +B 与 FP　　D. T_C 与 $E1$

2. 电喷汽油发动机燃油管路中的燃油压力随进气歧管中压力的升高而(　　)。
   A. 升高　　B. 下降　　C. 恒定不变　　D. 先下降后上升

3. 电喷汽油发动机在正常运转时,由于回油受阻燃油压力变高,则喷油器的喷油脉宽将(　　)。
   A. 变小　　B. 变大　　C. 不变　　D. 瞬间为"0"

4. 多数电喷汽油发动机在急速时的燃油压力为(　　)kPa 左右。
   A. 200　　B. 220　　C. 250　　D. 300

5. 多数电喷轿车上原装电动汽油泵的使用寿命一般在(　　)km 左右。
   A. 1万~2万　　B. 3万~4万　　C. 6万~8万　　D. 10万~15万

6. 电喷汽油发动机燃油压力过高的原因是(　　)。
   A. 规定型号的汽油泵转速过高　　B. 个别喷油器堵塞
   C. 燃油压力调节器回油过少　　D. 汽油泵上的止回阀关闭不严

7. 电喷汽油发动机熄火后,管路中汽油压力迅速下降的原因是(　　)。
   A. 汽油泵上的止回阀关闭不严
   B. 喷油器漏油
   C. 汽油压力调节器内回油阀关闭不严
   D. ABC 的原因都有可能

三、判断题(正确画√,错误画×)

1. 拆装电脑连接插头时,一定要切断点火开关。(　　)
2. 当拔下机油尺、拆开机油盖及曲轴箱通风管时,若发动机运转不稳,肯定是故障造成的。(　　)
3. 燃油滤清器的更换周期都为每 4 年或 10 万 km。(　　)
4. 对于丰田系列轿车,若将检查连接器中的 +B 和 FP 两端子连接,接通点火开关后,电动汽油泵应运转供油。(　　)
5. 电喷发动机燃油压力的高低与节气门开度及发动机转速无关。(　　)
6. 丰田佳美 3.0 发动机电动汽油泵的电阻在冷态时均值为 1.6Ω 左右。(　　)
7. 在节气门突然开大的瞬间,汽油压力值应瞬间增加 50kPa 左右。(　　)
8. 发动机在急速运转中,少量转动节气门一侧旁通气道上的急速调整螺钉,若发动机急速值无明显变化,说明急速阀工作正常。(　　)
9. 当电喷发动机达到正常工作温度后,接通空调开关,若发动机转速下降,说明急速控制系统有故障。(　　)
10. 发动机急速时,EGR 阀应处在打开状态。(　　)

单元六 离合器的维修

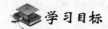

知识目标

1. 简单叙述离合器常见故障及排除方法;
2. 正确描述离合器及其操纵机构的拆卸;
3. 正确描述离合器主要零件检修标准和检修方法;
4. 正确描述离合器踏板自由行程的检查与调整过程。

能力目标

1. 会分析离合器常见故障的原因并检验,根据检验结果确定修理方法;
2. 会维修离合器的主要零件;
3. 会检查离合器踏板的高度与自由行程并调整;
4. 能解决离合器修理中的技术难题。

1 离合器的拆卸与维修

离合器位于发动机与手动传动桥(手动变速器)之间并通过操作离合器踏板来连接和切断发动机的动力。

目前汽车广泛应用的是膜片弹簧式离合器,膜片弹簧式离合器的结构如图6-1所示。

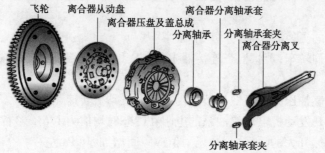

图6-1 膜片弹簧式离合器的结构

1.1 离合器的拆卸

离合器的拆卸如图6-2所示。

(1)拆下手动传动桥(或手动变速器)。
(2)用专用支架固定飞轮。
(3)按对角线将每个螺栓稍拧松一圈,直至弹簧张力消失为止。

(4)卸下螺栓(图6-3)。

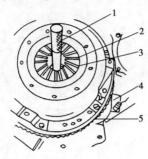

图6-2 离合器的拆卸
1-导向心轴;2-膜片弹簧;3-离合器盖;4-支架;5-飞轮

图6-3 卸下螺栓的方法

(5)取下离合器盖及压盘总成,然后分解离合器盖及压盘总成。
(6)分解前,应做出装配记号,以便安装。

1.2 离合器的维修

1.2.1 离合器零部件的检修

离合器应保证发动机与传动机构平稳而可靠地接合和彻底地分离。但在使用中离合器各零件的技术状况将逐渐变坏,以致不能完成上述任务。为此,在修理时应对各零件进行仔细的检验、检查和必要的修理。

(1)膜片弹簧磨损深度和宽度的检修。如图6-4所示,用游标卡尺检测膜片弹簧磨损的深度和宽度。极限值深度为0.60mm,宽度为5.00mm。

膜片弹簧因经受长期负荷而疲劳,造成磨损、弯曲、折断,或弹力减弱而影响动力的传递。若弯曲须校正,磨损严重或折断应予更换。

(2)飞轮圆跳动的检修。如图6-5所示,用百分表触头接触飞轮的工作面,检查飞轮的端面圆跳动量。最大极限值为0.10mm。超过时应修理或更换飞轮。

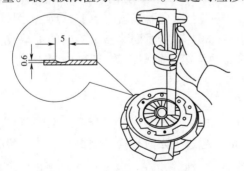

图6-4 膜片弹簧磨损的检查(mm)

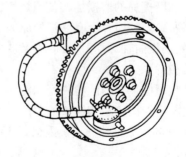

图6-5 飞轮端面圆跳动的检查

(3)导向轴承的检修。图6-6所示为变速器第一轴前导向轴承。导向轴承通常是永久性润滑。不需要经常清洁或加注润滑油。一般对它的检查是一面用手转动轴承,一面向转动方向施加压力,检查其转动是否灵活(图6-7)。若轴承卡住或阻力过大,则应用专用工具拆卸检查,并修整或更换。

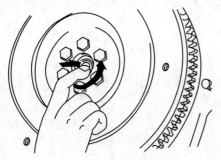
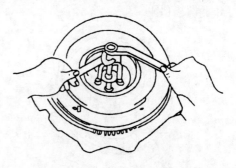

图 6-6 飞轮轴承的检查　　　　图 6-7 导向轴承的检查

（4）压盘的检修。检查压盘是否有过度的烧蚀、斑点、不平或刮痕等。压盘的拆卸如图 6-8 所示，先拆下复位弹簧，用钻头钻通铆钉头，用冲子将其冲出。压盘的检查如图 6-9 所示。对于轻度的不平或烧蚀可进行光磨修复。而对于严重的刮痕甚至出现裂纹引起离合器工作抖动时，则必须予以更换。

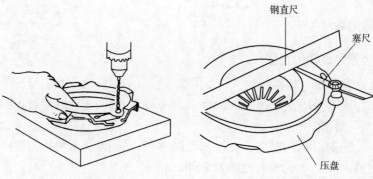

图 6-8 压盘的拆卸　　　　图 6-9 压盘的检查

（5）从动盘的检修。从动盘是离合器最易损坏的零部件。主要损伤有摩擦片的磨损、烧蚀、破裂和沾有油污，从动盘花键孔的磨损，钢片翘曲和破裂等。

离合器在正常使用中，摩擦片的磨损是缓慢的，因为它只有在接合、分离的瞬间与飞轮、压盘产生滑磨。摩擦片的磨损加剧甚至烧坏，多是因为离合器压紧力不够，以致长期打滑，或使用调整不当所致。摩擦片上有油污的原因很多，如飞轮后面变速器第一轴的轴承或分离轴承装油过多，发动机曲轴后油封漏油，以及变速器油沿第一轴漏出等，驾驶中起步过猛也是使摩擦片损坏破裂的原因。

① 从动盘摩擦片磨损的检查。如图 6-10 所示。

用深度游标卡尺测量铆钉头的深度，检查摩擦片的磨损程度。摩擦片工作面与铆钉头深度极限为 0.20mm，摩擦片磨损极限为 0.50mm。超过极限应更换。摩擦片的技术状况通常用"目测法"检查。

在修理中，如摩擦片技术状况确实比较完好，可继续使用。如摩擦片有轻微烧蚀、硬化，可用锉刀或粗砂布光磨后使用。摩擦片表面距铆钉头深度小于 0.20mm，应更换摩擦片。如部分铆钉头露出，而片的厚度适宜，可加深铆钉孔重铆。摩擦片磨损过薄或破裂，应予更换。

经检查，如摩擦片不符合使用标准，应更换新摩擦片。拆除旧摩擦片时，应用比旧铆钉直径小 0.40~0.50mm 的钻头，钻出铆钉铆头，然后再轻轻冲下旧铆钉，取下旧摩擦片。用钢丝刷去从动盘的灰尘和锈迹,检查从动盘的其他零件。

②从动盘翘曲度的检查与校正。从动盘翘曲会引起起步时离合器发抖和磨损不均匀,因此对其翘曲度应进行检查(图6-11)。

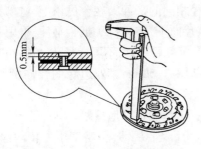
图6-10 从动盘摩擦片磨损的检查

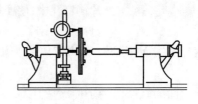
图6-11 从动盘翘曲的检查

从动盘翘曲度又称为圆跳动或偏摆。可安装在检查架上,用百分表在从动盘距外周边缘2.5m处测量。圆跳动极限为0.4mm。如超过极限,用特制夹[图6-12a)]进行冷压校正;或放在专用架上用百分表检测,边测边用特制扳手予以校正[图6-12b)]。

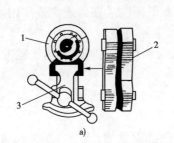

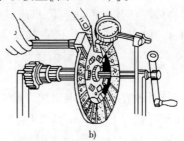

图6-12 从动盘的校正
a)夹模校正;b)扳手校正
1-钢片;2-夹模;3-台虎钳

③从动盘与接合盘的检修。从动盘钢片与接合盘的铆钉可用手锤敲击检查,如有松动和断裂应予更换或重铆。

从动盘花键套键槽磨损过大,将导致起步或车速突然改变时发响。可用样板检查,其键齿宽度磨损不得超过0.25mm;或将其套在变速器第一轴未磨损的花键部分,用手来回转动从动盘作配合检查,不得有明显的晃动(其间隙不超过0.44mm),否则应换新件,或将键槽堆焊后用插床修整齿面。更换或修整后的花键套键槽与第一轴花键的配合间隙应为0.04~0.19mm,过大会发响,过小会导致分离不彻底。

④新摩擦片的选配。换用的新摩擦片直径、厚度应符合原车规格,两摩擦片应同时更换,质量应相同。两摩擦片的厚度差不应超过0.50mm。

摩擦片用的铆钉应是铜或铝的。铆钉的粗细应与从动盘上的孔径相密合。铆钉的长度必须根据摩擦片铆钉孔下平面和从动盘的厚度,将铆钉穿入孔中,再伸出2~3mm为宜。

将两片新摩擦片同时放在钢片上,使其边缘对正,并用夹具夹牢。选用与钢片孔相适应的钻头钻孔,钻好对称两孔后,用螺钉定位,再钻其他各孔,然后用埋头钻钻出埋头坑,含铜丝的摩擦片,深度为摩擦片厚度的2/3,不含铜丝的为1/2。

铆钉头的位置应交错排列,如图6-13所示。摩擦片内外圈的铆钉头应相对,相邻的铆钉

图 6-13　铆钉的排列

头须一正一反。

⑤摩擦片的铆合。摩擦片的铆合可用手工进行,也可以在铆合机上进行。图 6-14 所示为常用的简单易行的手工铆合摩擦片。

将与铆钉头直径相同的平冲夹在台虎钳上,将铆钉插入摩擦片铆钉孔中,使摩擦片向下,将铆钉头抵紧平冲,再用开头冲将铆钉冲开后铆紧。铆钉紧度要适宜,不可过紧,以免损伤摩擦片。

新铆摩擦片的表面距铆钉头的距离应为 1.20~1.50mm。外边缘的径向圆跳动不大于 0.10mm。

⑥摩擦片表面的修磨。为了使摩擦片与飞轮、压盘能很好地接触,铆好的摩擦片表面还应进行修磨。其方法一般是在飞轮平面上涂一层白粉,放上从动盘,略施压力转动检查,锉去较高的部分,直到平整均匀地接触,平面度误差不大于 0.50mm。

⑦摩擦片修理后质量及其平衡的检查。最后对铆好的摩擦片进行质量检查。其要求是:摩擦片不得有严重裂纹或损伤,铆钉头的深度应距摩擦片平面 1mm 以上;无弹片的从动盘、摩擦片与钢片应密合。

将从动盘组合件置于顶针间进行静平衡试验,不平衡度应在原规定范围内。一般的不平衡允差为 18g·cm。如有不平衡时,可在其圆周上装置平衡块。

(6)离合器盖的检修。离合器盖因压盘弹簧强弱不均匀或固定螺栓松动的影响,会发生变形或有裂痕。

离合器盖变形,可放在平板上用手按住检查,如有摇动即为变形;或用塞尺在离合器盖几个凸缘处测量,如间隙超过 0.50mm,应予以校正。

(7)分离轴承的检修。分离轴承常因维护不当缺油而发响,或受自然磨损而松旷,甚至损坏。分离轴承应转动灵活,检查如图 6-15 所示,将轴承用手压紧轴承内套转动,如箭头所示。若有阻滞,则为轴承座或滚珠磨损,应予更换。若转动灵活,但稍有"沙沙"的响声,则为缺油现象。

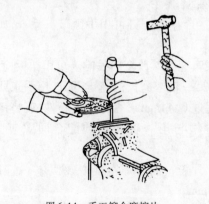

图 6-14　手工铆合摩擦片

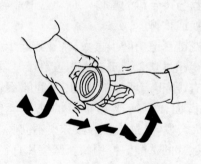

图 6-15　分离轴承的检查

①分离轴承座轴颈如磨损松旷可堆焊修复。

②分离轴承内孔磨损超过 0.03mm 或轴向间隙超过 0.60mm 时,均不得继续使用。

③加油软管如破裂应予更换,管内堵塞应予疏通。

④分离叉支柱板损坏应更换。球形支柱磨损应焊修,或更换。

⑤分离叉护罩损坏应更换。

⑥离合器拉杆弯曲应校直,螺纹损坏应予更换。
⑦拉簧折断或拉力减弱,不能保持原位应更换。
⑧离合器踏板轴与衬套磨损、松旷超过0.50mm时,应更换衬套,损坏可焊修。
⑨分离轴承的加油。分离轴承缺油时,加油的方法有两种:

a. 分离轴承无加油口的,用润滑油和润滑脂各50%加温溶解后,将轴承放入油内浸煮(温度不可过高,以免变质),待冷却后,将轴承取出,清除外部油脂。

b. 分离轴承有加油口的,用黄油枪直接加注润滑脂。

1.2.2 离合器操纵机构的检修

离合器的操纵机构主要有机械式操纵机构、液压式操纵机构、弹簧助力操纵机构、气压助力式液压操纵机构。目前轿车主要采用液压式操纵机构,货车等大型汽车主要采用机械式操纵机构、弹簧助力操纵机构、气压助力式液压操纵机构。液压式操纵机构如图6-16所示。

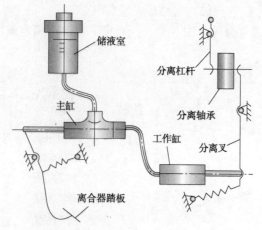

图6-16 离合器液压式操纵机构示意图

离合器液压操纵零部件的检修如下:

1.2.2.1 离合器主缸的检修

(1)离合器主缸各零件分解图如图6-17所示。

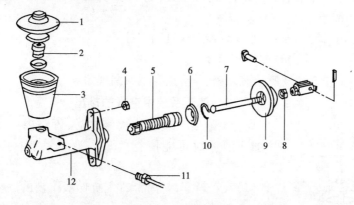

图6-17 离合器主缸

1-上盖;2-固定螺栓;3-油缸;4-固定螺母;5-活塞;6-固定环;7-推杆;8-锁紧螺母;9-防尘罩;10-卡环;11-离合器管;12-主缸

离合器主缸的拆卸与分解:取下离合器踏板与主缸推杆的连接,从主缸上拧下进、出油管接头,拧下主缸固定螺栓,拉出主缸。在分解离合器主缸前,应排净主缸中的制动液。取下防尘罩9,拆下卡环10,拉出主缸推杆7和活塞5等。

(2)离合器主缸内壁磨损超过0.125mm,活塞与缸筒间隙超过0.20mm,皮碗老化或复位弹簧失效时,应更换相应零件。

(3)主缸装配前,应清洗干净,活塞封圈、皮碗及缸套等零件应涂一层制动液。

(4)安装离合器主缸。

①按规定力矩拧紧离合器工作缸连接管固定螺母。

②按规定力矩拧紧主缸固定螺母。

③把推杆7装到离合器踏板上,并装好锁销、夹子及复位弹簧。

④将主缸注满制动液,查有无渗漏之处。

1.2.2.2 离合器工作缸的检修并对液压系统放气

(1)离合器工作缸各零件分解如图6-18所示,拧下工作缸固定螺栓,即可拆下工作缸。

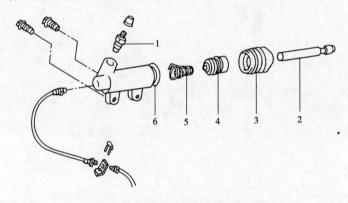

图6-18 离合器工作缸
1-放气阀;2-推杆;3-防尘罩;4-活塞;5-弹簧;6-工作缸

(2)检查离合器工作缸各零件的磨损情况,磨损严重的零件应修理或更换。

(3)装配离合器工作缸前要用非腐蚀性液体清洗干净,并在活塞上涂一层制动液,工作缸推杆末端也要涂上润滑脂。

(4)按规定力矩(25N·m)拧紧离合器工作缸固定螺栓。

(5)按规定力矩(15N·m)拧紧软管接头。

(6)将离合器工作缸注满制动液,放气并检查有无渗漏现象。

1.2.3 液压系统中空气的排出

离合器液压操纵机构检修之后,管路内可能进入空气。另外,加注液体时可能使空气进入液压系统。排除空气的方法如下:

(1)支起轿车,将离合器主缸储液罐内的制动液加至规定的高度。

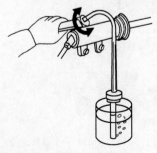

图6-19 排除空气

(2)将一段软管一端接在离合器工作缸的通气阀上,另一端接在盛有制动液的容器内(图6-19)。

单元六　离合器的维修

(3)一人在驾驶室内慢慢地踩下离合器踏板数次,感到有阻力时,踩住离合器踏板不动;另一人拧松离合器工作缸上的通气阀直至制动液流出,然后拧紧通气阀。

(4)按上述方法连续操作几次,直至制动液中无气泡为止。

(5)将空气排除后,应重新检查调整离合器踏板的自由行程。

2　离合器的装配与调整

膜片弹簧离合器的装配次序大体相同,可按拆卸时的相反次序进行安装。安装时应满足以下要求:

(1)将离合器从动盘(附摩擦衬片)装在飞轮上,用导向心轴插入变速器第一轴前端轴承孔内作导向,并用支架固定飞轮。

(2)安装从动盘。安装时应保证飞轮与离合器从动盘同心,一般是利用变速器第一轴插入从动盘毂与飞轮中心孔内,待离合器安装好后,再取出第一轴,或用专用工具将离合器从动盘装在飞轮上(图6-20)。由于从动盘毂两边长度不对称,安装时一定要注意方向(单片、离合器短毂朝前),如果装反,离合器就不能正常工作。

(3)安装离合器盖(图6-21)。各螺栓按对称依次平均拧紧,最后按规定力矩拧紧。

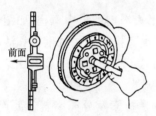
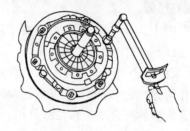

图6-20　安装离合器从动盘　　图6-21　安装离合器盖

(4)装配后,检查膜片弹簧端头与专用工具之间的距离,看其平整程度。

(5)装配时,以下部件应填注润滑脂:离合器从动盘花键毂;分离轴承前沿及轴承座内侧;分离叉及推杆接触点;分离叉枢轴点。如图6-22所示。

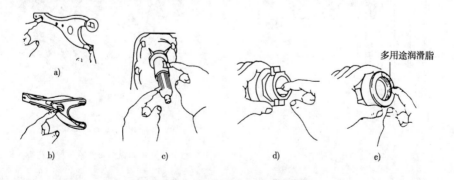

图6-22　分离叉及分离轴承的润滑部位

a)分离叉和分离轴承毂套的接触点,分离叉和推杆的接触点;b)分离叉枢轴点;c)第一轴轴承盖与分离轴接触点;
d)分离轴承毂套内部;e)分离轴承前沿安装变速器

（6）调整离合器踏板高度与踏板自由行程和推杆行程，其步骤如下：

① 踏板高度的调整。踏板高度的调整如图 6-23 所示。拧松锁紧螺母，转动止动器螺栓直至高度符合规定，离合器踏板高度可用直尺测量，检查对应掀开脚垫。

② 踏板自由行程和推杆行程的检查与调整。正常的踏板自由行程是保证离合器完全接合和彻底分离的必要条件。检查踏板自由行程时可用直尺测量，其方法是先检查出踏板完全放松时的高度，再测出当按下踏板感觉有新阻力时的高度，前后两次高度差，即为踏板自由行程，其值应符合规定。如踏板自由行程不符合规定时应予调整。

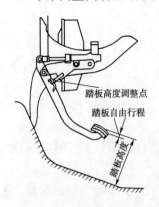

图 6-23 检查调整踏板高度

a. 拉杆操纵的离合器。解放 CA1091 和东风 EQ1090 型汽车的离合器均采用拉杆操纵的，而且均用分离杠杆上球面螺母来调整离合器的自由行程。当自由行程小于标准值时，可将球面螺母退出以增加拉杆有效长度。

b. 液压操纵的离合器。液压操纵式离合器踏板自由行程，是主缸推杆与活塞之间的间隙和分离杠杆与分离轴承之间的间隙在踏板上的总反映。

一般是调整主缸推杆长度，先将主缸推杆锁紧螺母旋松，然后转动主缸推杆来调整自由行程，调好后拧紧锁紧螺母。

有些车辆操纵机构具有自调装置，可以自动调节离合器的自由行程，如图 6-24 所示。

当从动盘、压盘磨损后使分离轴承后移，通过分离叉推动工作缸推杆和活塞后移而压缩弹簧，由于弹簧被压缩而不会出现离合器打滑的现象，另一个明显的优点是减少了维护作业。当然这种离合器工作时，会使分离轴承处发出轻微的响声。

c. 机械拉索式操纵的离合器。其踏板自由行程是拉索及分离装置各部连接部件的间隙，自由行程的调整是通过调整拉索长度来调节的，如图 6-25。

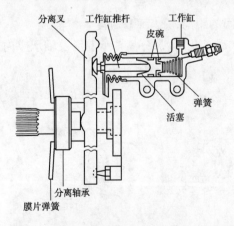

图 6-24 带自调的离合器工作缸

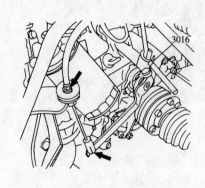

图 6-25 拉索式操纵离合器踏板自由行程的调整

③ 离合器分离点的检查。安装车轮挡块，拉起驻车制动器操纵杆，起动发动机，使发动机怠速运转。在不踩离合器踏板的状态下（离合器接合状态）缓慢将变速杆向倒挡方向移动，当听到齿轮鸣叫的声音时停止变速杆的操作，保持齿轮鸣叫的声音。一边保持齿轮鸣叫声一边

单元六 离合器的维修

缓慢踩下离合器踏板,寻找齿轮鸣叫声消失的位置,齿轮鸣叫声消失的位置称为"分离点"。测量此处到地板的高度,此值不能太小,一般不小于25mm。

④离合器工作情况的检查。车辆可靠驻停,拉起驻车制动器操纵杆。起动发动机,发动机怠速运转,踩下离合器踏板,变速杆置于一挡或倒挡,检查是否有噪声、是否换挡平稳。如果有噪声或换挡不平稳,说明离合器分离不彻底,检查并修理。

3 离合器常见故障的诊断与排除

3.1 离合器打滑

3.1.1 现象

汽车起步困难、加速无力(车速不能随发动机转速的提高而提高)、汽车上坡行驶有焦臭味。

3.1.2 原因

(1)离合器自由行程太小。
(2)从动盘摩擦片磨损表面硬化、烧蚀或表面油污,使摩擦系数下降。
(3)离合器盖固定螺栓松动。
(4)膜片弹簧疲劳或开裂,使压紧力下降。
(5)机械操纵离合器的操纵杆件卡滞。
(6)分离轴承回位不良。

3.1.3 诊断

起动发动机,拉紧驻车制动器操纵杆,变速杆置于低速挡,慢慢地放松离合器踏板,并逐渐加大节气门,此时若汽车不能起步,发动机也不熄火,说明离合器出现了打滑现象。

3.1.4 排除

按原因由外向里、由简到繁检查,一般先检查与调整离合器的自由行程,再检查与紧固离合器盖固定螺栓;然后拆检离合器总成,检查从动盘摩擦片上是否有油污、烧损、硬化或磨损过甚现象;检查膜片弹簧是否疲劳或开裂,最后进行修理或更换。

3.2 离合器分离不彻底

3.2.1 现象

挂挡困难(或有齿轮撞击声)、挂挡后不抬离合器踏板汽车自行(或发动机熄火)。

3.2.2 原因

(1)离合器自由行程过大。
(2)离合器液压操纵机构漏油或进入空气。
(3)从动盘花键毂与离合器输出轴磨损或缺油,移动困难。

117

3.2.3 诊断与排除

按原因由外向里,先检查与调整自由行程;然后检查液压操纵机构是否漏油并进行排气;最后踩下离合器踏板,变速杆置于空挡,用螺丝刀拨转从动盘,如拨不动,修理或更换从动盘花键毂或离合器输出轴。

3.3 离合器异响

3.3.1 现象

使用时有不正常响声。

3.3.2 原因

(1)分离轴承磨损(缺油)。
(2)从动盘摩擦片铆钉松动或外露。
(3)从动盘花键与轴磨损或缺油。
(4)机械操纵连接磨损或缺油。

3.3.3 诊断与排除

(1)少许踩离合器踏板时响,加油后仍响。说明是分离轴承损坏或缺油,应进行修理或更换。
(2)发动机一起动就响,一放松离合器踏板就响。说明从动盘摩擦片铆钉松动或外露,应更换从动盘。
(3)离合器接合分离瞬间出现响。说明从动盘花键与轴磨损或缺油,应进行修理或更换。

3.4 起步时发抖

3.4.1 现象

汽车起步时,经常不能平稳接合,使车身发抖。

3.4.2 原因

(1)膜片弹簧内端不在同一平面内。
(2)压盘或从动盘翘曲变形,飞轮工作面不平。
(3)压紧弹簧力不均、固定螺栓松动。
(4)从动盘减振弹簧疲劳或折段。

3.4.3 诊断与排除

做起步试验,多数情况下是压盘或从动盘翘曲变形,飞轮工作面不平引起的。一般都得拆卸离合器,依次查找以上原因,然后进行修理或更换。

思考与练习

一、简答题

1. 简述离合器的拆装过程,应注意哪些事项?
2. 简述离合器踏板的高度和自由行程的检查过程。
3. 简述离合器踏板的高度和自由行程的调整过程。

4. 简述离合器从动盘的检查项目。
5. 简述离合器液压系统排除空气的方法。
6. 简述离合器主缸检修过程。
7. 简述离合器工作缸检修过程。
8. 简述离合器打滑的故障现象、原因、诊断排除。
9. 简述离合器分离不彻底故障现象、原因、诊断与排除。
10. 简述离合器异响故障现象、原因、诊断与排除。

二、选择题

1. 进行离合器的调整时,需要(　　)。
   A. 测量离合器踏板的自由行程　　　　B. 润滑离合器杠杆系
   C. 检查液面高度　　　　　　　　　　D. 变速杆置于倒挡

2. 进行离合器的拆装时,应(　　)。
   A. 分解前应做好装配记号,以便安装　　B. 拆卸螺栓时,应按顺序拆装
   C. 拆卸螺栓时,应按对角方向拆装　　　D. 可不用对正记号

3. 离合器踏板的自由行程是(　　)。
   A. 离合器的工作行程　　　　　　　　B. 踏板的离地高度
   C. 踏板的高度与工作行程之差　　　　D. 踏板的高度与工作行程之和

4. 铆接离合器从动盘钢片与摩擦片时,铆钉头应与摩擦片的外端面(　　)。
   A. 平齐　　　　　　　　　　　　　　B. 下陷 0.3mm
   C. 下陷 1.2～1.5mm　　　　　　　　 D. 高出 0.3mm

5. 从动盘是离合器最易磨坏的零部件,检查从动盘时应(　　)。
   A. 检查摩擦片的厚度　　　　　　　　B. 从动盘端面圆跳动
   C. 分离轴承的磨损　　　　　　　　　D. 飞轮的摆差

6. 发动机怠速运转,变速器空挡时有异响,踏下离合器踏板时响声消失,可能原因是(　　)。
   A. 制动液进空气常啮合齿轮啮合不良　B. 从动盘磨损,铆钉外露
   C. 分离轴承损坏　　　　　　　　　　D. 变速器输出轴轴承损坏

7. 单片离合器装配时,从动盘花键(　　)。
   A. 长毂朝前　　　　　　　　　　　　B. 长毂朝后
   C. 朝前朝后都可以　　　　　　　　　D. 离合器片不分长短毂

8. 离合器自由行程过小会造成(　　)。
   A. 离合器分离不彻底　　　　　　　　B. 离合器打滑
   C. 换挡响　　　　　　　　　　　　　D. 不影响离合器的使用

9. 关于离合器打滑的原因,错误的说法是(　　)。
   A. 离合器踏板没有自由行程　　　　　B. 离合器自由行程太大
   C. 从动盘油污　　　　　　　　　　　D. 离合器盖与飞轮连接松动

10. 离合器起步发抖的原因是(　　)。
    A. 分离轴承不能回位　　　　　　　　B. 从动盘或压盘翘曲变形

C. 新换的摩擦片太厚　　　　　　　　　　D. 分离轴承缺油

三、判断题(正确画√,错误画×)

1. 铆接离合器从动盘摩擦片时,铆钉应交错排列。　　　　　　　　　　　　（　　）
2. 从动盘摩擦片磨损时,其表面距铆钉头深度变浅。　　　　　　　　　　　（　　）
3. 离合器踏板的自由行程就是离合器的工作行程。　　　　　　　　　　　　（　　）
4. 离合器的液压系统中有空气会使变速器换挡困难。　　　　　　　　　　　（　　）
5. 安装离合器盖时,应注意离合器盖口与飞轮上的安装记号。　　　　　　　（　　）
6. 轿车、客车和部分中小型货车多采用单片离合器。　　　　　　　　　　　（　　）
7. 离合器的分离点和接合点在同一个地方。　　　　　　　　　　　　　　　（　　）
8. 离合器液压系统使用的是液压油。　　　　　　　　　　　　　　　　　　（　　）
9. 离合器的主缸、工作缸清洗应用非腐蚀性液体。　　　　　　　　　　　　（　　）
10. 一般离合器自由行程的调整是调离合器工作缸的推杆的长度。　　　　　（　　）

单元七　自动变速器的维修

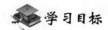学习目标

知识目标
1. 简单叙述丰田 A140E 自动变速器的构造装配关系；
2. 简单叙述丰田 A540E 自动变速驱动桥的构造装配关系；
3. 正确描述丰田 A140E 自动变速器的拆卸与装配步骤。

能力目标
1. 能进行液力变矩器及油泵的检修；
2. 能进行自动变速器摩擦元件及行星齿轮的检修；
3. 能进行自动变速器油路控制阀的检修；
4. 能进行自动变速器的各种测试；
5. 能进行本田雅阁自动变速驱动桥的检查与调整；
6. 能进行德国系列轿车主减速器的调整。

1　自动变速器的测试

1.1　自动变速器测试所需设备与器材

丰田佳美汽车1辆,油压表1个。

1.2　自动变速器测试操作步骤(以 A140E 自动变速器为例)

1.2.1　区分电路与机械系统的故障

自动变速器如果出现故障,应首先判断是电路系统还是机械系统的故障,方法如下：
(1)关掉发动机,脱开控制自动变速器的 ECU。
(2)检查手动换挡。进行路试,换挡杆分别换至"L""2""D""R"及"P"位,检查挡位变化与换挡杆位置是否一致(应符合表7-1),若不一致,便可确认变速器机械系统有故障。

换挡杆位置与挡位的对应关系　　表7-1

换挡杆位置	D 位	2 位	L 位	R 位	P 位
挡位	超速挡	第 3 挡	第 1 挡	倒挡	空挡(驻车)

(3)检查完成后,插好控制自动变速器的 ECU,并清除由此而引起的诊断故障代码。

1.2.2　失速试验

试验的目的是借助测量换挡杆在 D 位和 R 位的失速速度来检验传动桥和发动机的综合性能。在进行试验时,应满足如下条件：自动变速器的液压油应在正常温度；每次试验时间不

超过5s;应在水平路面上进行,并注意安全。

(1)用车轮挡块挡住前后轮,用驻车制动器完全制动,起动发动机。

(2)换至D位,左脚用力踩下制动踏板,用右脚将加速踏板踩到底,迅速读出此时的发动机转速(即失速转速),该读数约为2400r/min。

(3)在R位进行相同的试验。

故障分析:

(1)如果两个位置的失速转速相同,但均低于规定值,则可能的原因是:发动机输出功率不足;液力变矩器导轮的单向离合器动作不正常。

(2)如果仅在D位的失速转速高于规定值,则可能的原因是:D位(前进挡)油路压力太低;前进挡离合器打滑;2号单向离合器动作不正常;超速挡单向离合器动作不正常。

(3)如果仅在R位的失速转速高于规定值,则可能的原因是:R挡油路压力太低;直接离合器打滑;第1挡和倒挡制动器打滑;超速挡单向离合器动作不正常。

(4)如果在R位和D位的失速转速均高于规定值,则可能的原因是:主油路压力太低;变速器液位不当;超速挡单向离合器动作不正常。

1.2.3 时间滞后试验(时滞试验)

在发动机怠速时换挡,要经过一定的时间才感到振动,即时间滞后试验。在进行试验时,应满足:自动变速器的液压油应在正常温度;每次测试中间要确保间隔1min,测量3个数据取其平均值。

(1)用驻车制动器完全制动,发动机怠速运转。

(2)将换挡杆从N位换至D位,用秒表测量从换挡开始直至感到振动的时间(即滞后时间),该时间应小于1.2s。如果滞后时间大于规定值,则可能的原因是:油路压力太低;前进挡离合器磨损;超速挡单向离合器动作不正常。

(3)用同样的方法测量从N位换至R位的滞后时间,该时间应小于1.5s。如果滞后时间大于规定值,则可能的原因是:油路压力太低;直接离合器磨损;第1挡和倒挡制动器磨损;超速挡单向离合器动作不正常。

1.2.4 油压检验

(1)用车轮挡块挡住前后轮,用驻车制动器完全制动。

(2)预热变速器油,然后连接油压表。

(3)发动机怠速运转,用左脚用力踩下制动踏板,换至D位,测量油路压力。

(4)用右脚将加速踏板踩到底,读出此时(失速状态)所对应的油路压力。

(5)用同样的方法进行R位的试验,试验测得的油路压力应符合表7-2中的规定。

油 路 压 力(kPa)　　　　　　　表7-2

D 位		R 位	
怠速	失速	怠速	失速
363~422	922~1058	618~794	1667~1902

故障分析:

(1)如果所有测量值均高于规定值,则可能的原因是:节气门拉索过紧;节气门故障;调节阀故障。对于用调压电磁阀调节主油路油压的自动变速器,则为调压电磁阀的电路或其控制的油路及电磁阀本身故障。

（2）如果所有测量值均低于规定值，则可能的原因是：节气门拉索过松；节气门故障；调节阀故障；油泵故障；超速挡直接离合器故障。

（3）如果压力只是在 D 位较低，则可能的原因是：D 位油路漏油；前进离合器故障。

（4）如果压力只是在 R 位较低，则可能的原因是：R 位油路漏油；直接离合器故障；第 1 挡和倒挡制动器故障。

1.2.5 道路试验

（1）换挡模式选择在 NORM（正常型）和 POWER（动力型）位置测试 D 位。换挡杆换入 D 位，将节气门一脚踩至全开位置，保持加速踏板位置不变，检查下列项目：

①应有 1→2 挡、2→3 挡和 3→4 挡（超速挡）的换高挡发生，自动换挡点车速应与换挡点车速一览表（表7-3）一致。如果冷却液温度低于 60℃时，不会有超速挡和锁止现象，并且换挡点车速比自动换挡表中所规定的高。故障现象分析：如果没有 1→2 挡换高挡，可能 2 号电磁阀卡死或 1-2 挡换挡阀卡死；如果没有 2→3 挡换高挡，可能 1 号电磁阀卡死或 2-3 挡换挡阀卡死；如果没有 3→超速挡换高挡，可能 3-4 挡换挡阀卡死；如果换挡点车速出现偏差过大故障，可能节气门位置传感器、车速传感器、1-2 挡换挡阀、2-3 挡换挡阀、3-超速挡换挡阀等有故障；如锁止出现故障，可能锁止电磁阀卡死或锁止继动阀卡死。

自动换挡点车速一览表（km/h）　　　　　　　　　　　　表 7-3

挡 位		节气门全开（全闭）							
		1→2	2→3	3→O/D	(3→O/D)	(O/D→3)	O/D→3	3→2	2→1
D 挡	正常	51~57	101~109	162~173	(36~41)	(19~23)	155~166	94~102	45~50
	功率	51~57	101~109	162~173	(36~41)	(19~23)	155~166	94~102	45~50
2 挡	正常	51~57							45~50
L 挡	正常								49~55

②用同样的方法，检查在 1→2、2→3 和 3→超速挡换高挡时的振动和打滑。如振动过分，可能油路压力过高；储能减振器出现故障；止逆球出现故障。

③在 D（前进）位变矩器锁止或超速挡运行时，检查是否有异常噪声和振动。

④在 D 位第 2、第 3 和超速挡行驶时，检查换低挡：超速→3 挡、3→2 挡、2→1 挡，其换低挡的车速应符合表 7-3。

⑤检查换低挡时是否异常振动和打滑。

⑥检验锁止机构。在 D 挡超速挡以约 68km/h 以上稳速行驶，轻轻踩下加速踏板，发动机转速应无突然增大，如发动机转速突然增大很多，说明变矩器没有锁止。

（2）2 位测试。换挡杆至 2 位行驶，将节气门一脚踩至全开位置，保持加速踏板不变，将换挡模式选择键按任一模式，检查下列各点：

①必须有 1→2 挡换高挡发生，而且换挡点车速符合表7-3。

②在第 2 挡行驶，松开加速踏板，检查发动机制动效果。如无发动机制动效果，则可能第 2 惯性滑行制动器发生故障。

③在加速和减速时检查有无异常噪声，并检查换高挡和换低挡时的振动。

(3) L 位(低挡)测试。

①在 L 位运行时,检查确保没有换至第 2 挡。

②在 L 位运行时,松开加速踏板,检查发动机制动效果。如无发动机制动效果,可能第 1 挡和倒挡制动器出现故障。

③在加速和减速时检查是否有异常噪声。

(4) R 位(倒挡)测试。换至 R 挡,将加速踏板一脚踩到底,起步,检查是否打滑。

(5) 在斜坡(大于 5°)上停车,换至 P 位后,松开驻车制动器操纵杆,检查停车锁爪是否能保持车辆停在原位。

2 自动变速器的拆装

2.1 自动变速器拆装所需设备与器材

A140E 自动变速器 1 台,维修工具 1 套,塞尺 1 把,空气压缩机 1 台,清洗液 1 瓶。

2.2 自动变速器的拆装操作步骤(以 A140E 自动变速器为例)

2.2.1 自动变速器的拆卸

(1) 如图 7-1 所示,拆下手动换挡杆、空挡起动开关、加速器(节气门)拉索固定螺栓及挡板、2 号速度(车速)传感器、电磁阀引线、第 2 滑行挡制动器活塞、传动桥壳上盖。

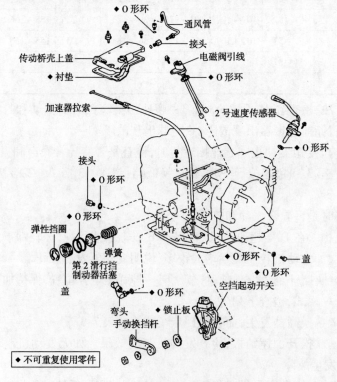

图 7-1　自动变速器外围附件的拆卸

(2) 拆下油底壳和衬垫。注意,拆油底壳时,不要将传动桥翻转,因为这样会使阀体沾上油底壳底部的异物。

(3) 如图 7-2 所示,拆下油管托架和滤清器。

(4) 如图 7-3 所示,拆下挡位选择阀阀体。

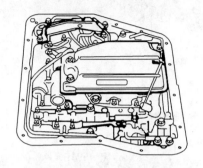
图 7-2 油管托架和滤清器的拆卸

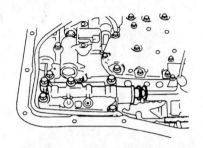
图 7-3 挡位选择阀阀体的拆卸

(5) 用一字螺丝刀撬起如图 7-4 所示的油管两头,拆下 4 条油管。

(6) 从凸轮上脱开节气门拉索,拧出所有固定阀体的螺栓,拆下阀体,如图 7-5 所示。

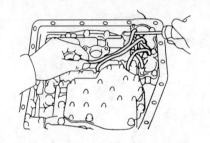
图 7-4 拆卸 4 条油管

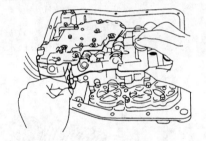
图 7-5 从凸轮上脱开节气门拉索

(7) 如图 7-6a) 所示,拧松 5 个螺栓(应一次 1 圈,直至弹簧张力消失),拆下蓄能减振器活塞及弹簧的盖及衬垫,进而拆下减振器活塞及弹簧。为使 C_2、B_2 活塞弹出,可将低压压缩空气(98kPa)吹入图 7-6b) 所示的孔中,并用布塞着活塞出口,拆下活塞和弹簧。

(8) 将自动变速器竖起,拆下油泵上 7 个螺栓,如图 7-7 所示,用维修工具从变速器上拉出油泵。

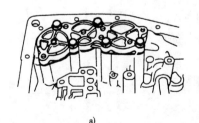

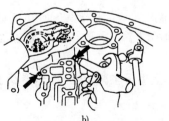

图 7-6 蓄能减振器活塞及弹簧盖、衬垫、C_2 及 B_2 活塞和弹簧的拆卸
a) 拧松 5 个螺栓;b) 将低压压缩空气吹入孔中

图 7-7 用维修工具拉出油泵

(9) 按如图 7-8 所示的顺序,依次拆下离合器、行星齿轮 O/D(超速挡)箱等,拆下后依次放好。

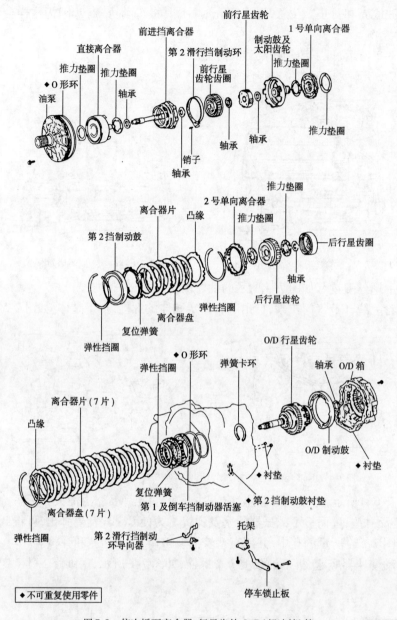

图 7-8 依次拆下离合器、行星齿轮 O/D(超速挡)箱

(10)拆下主减速器两端的轴承端盖,拆下主减速器壳盖上的螺栓,并用塑料锤敲下该壳盖。

(11)如图 7-9 所示,从变速器上拆下主减速器,差速器及主动锥齿轮。

2.2.2 自动变速器的装配

(1)装配注意事项。

①新的离合器盘应在自动变速器油中浸泡至少 15min 以上才可以装配。

②相互滑动或转动的零件表面,装配前要涂上自动变速器油。

③装密封垫片或类似零件,不能用胶粘接。

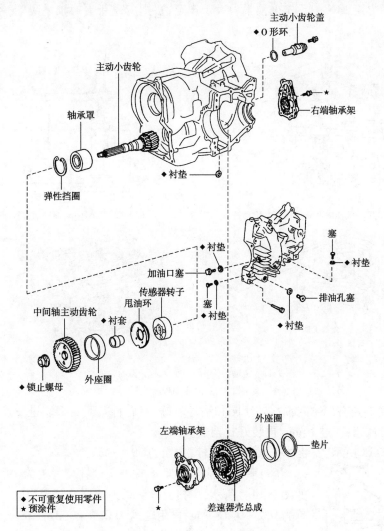

图 7-9 从变速器上拆下主减速器、差速器及主动锥齿轮

④必须全部更换新的密封垫片和新的 O 形密封圈。

⑤组装的零件要干燥,但不能用棉纱等擦抹,只能用压缩空气吹干,以免使零件粘上污物或棉纱。

(2) 将轴承隔圈安装至主动小齿轮轴上,如图中 7-10 所示,用锤子和铜棒将轴承隔圈轻轻敲入传动桥,直到能看见孔中弹性挡圈凹槽,然后装上弹性挡圈。

(3) 将传感器转子、甩油环和新衬套装至主动小齿轮轴上。注意,安装衬套要小端朝下。

(4) 用维修工具 a 将外座圈压入,用维修工具 b 夹住主动锥齿轮,并用维修工具 a 将中间轴主动齿轮压入,如图 7-11 所示。

(5) 如图 6-12a) 所示,用维修工具夹住齿轮,按规定力矩拧紧螺母,力矩为 206N·m。然后,按图 6-12b) 所示的方法测量主动锥齿轮预紧力,如果是新轴承,力矩为 1.0～1.6N·m;如果是再用轴承,力矩为 0.5～0.8N·m。如果预紧力小于规定值,应按图 7-12a) 的方法继续紧固螺母,一次加力矩13N·m;如果预紧力大于规定值,则应重新更换轴承隔圈,不能倒拧螺母以减小预紧力。

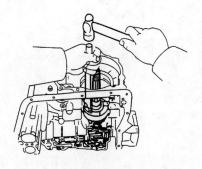
图7-10 将轴承隔圈轻轻敲入传动桥

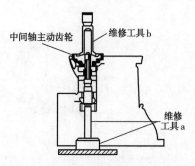
图7-11 用维修工具将中间轴主动齿轮压入

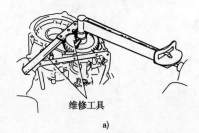
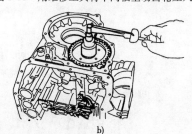
图7-12 主动锥齿轮的安装及预紧力的测量
a)用维修工具夹住齿轮;b)主动锥齿轮预紧力的测量

(6)将差速器壳右侧侧向轴承外座圈和垫片装好,然后将差速器壳装进变速器桥壳,在托架盖上涂好密封涂料。过10min再装好托架盖。

(7)如图7-13所示,安装并拧紧11个螺栓,力矩为39N·m。

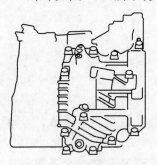

(8)安装左侧轴承架,拧紧6个螺栓,力矩为19N·m。然后,如图7-14a)所示,用扭力计测量差速器总预紧力。总预紧力:新轴承为0.2~0.4N·m;再用轴承为0.1~0.2N·m。如预紧力不符合,可改变调整垫片厚度来调整,如图7-14b)所示。

(9)用维修工具将新油封冲入,直到其末端与左侧轴承架表面平齐。

(10)在右侧轴承架上涂上密封涂料,装好轴承架。紧固螺栓力矩为19N·m。

图7-13 安装并拧紧11个螺栓

(11)安装好主动齿轮罩(应更换新O形环)。

(12)安装好停车卡轮、手动挡位选择阀轴、停车卡轮托架,然后,应按图7-15所示的方法检查停车卡轮动作:手动挡位选择阀杆在P位时,必须使中间轴主动齿轮锁住。

(13)将第1和倒挡制动活塞安装至变速器壳体上(应更换新的O形环并涂上自动变速器油)。然后,按图7-16所示的方法用维修工具安装活塞复位弹簧。

(14)如图7-8所示,安装好弹簧卡环,O/D行星齿轮,O/D制动鼓及O/D箱,涂密封胶后,上紧O/D箱的每个螺栓。然后,按图7-17所示的方法检查中间轴轴向间隙,该间隙应为0.47~1.50mm。否则,应检查中间轴的安装,另外,还应检查中间轴能否平滑转动。

单元七 自动变速器的维修

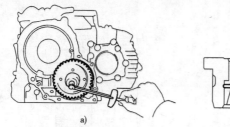 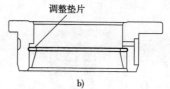

图 7-14 差速器总预紧力的测量及调整
a)差速器总预紧力的测量；b)改变调整垫片厚度来调整预紧力

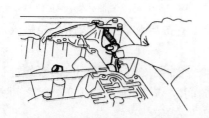 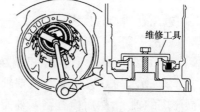

图 7-15 停车卡轮动作的检查　　图 7-16 用维修工具安装活塞复位弹簧

（15）依次安装后行星齿轮，安装第 1 及倒挡制动器的盘、片、凸缘，盘片安装顺序如图 7-8 所示；安装凸缘，平端应朝下；然后安装好弹性挡圈。注意，弹性挡圈端隙不应与任一缺口对正。

（16）检查第 1 及倒挡制动器动作。如图 7-18 所示，用压缩空气吹入壳体中箭头所示的孔，确定活塞能够移动。

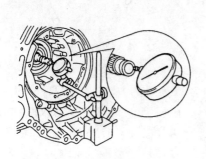 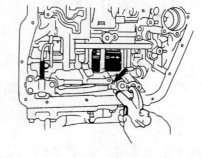

图 7-17 中间轴轴向间隙的检查　　图 7-18 第 1 及倒挡制动器动作的检查

（17）用塞尺测量如图 7-19 所示的位置，即第 1 及倒挡制动器盘片间隙，应在 0.85～2.05mm 之间。

（18）将 2 号单向离合器装入壳体，安装好第 2 滑行挡制动带导向器，再安装好 1 号单向离合器。

（19）按图 7-8 所示的顺序，安装好第 2 挡制动器，并按图 7-20 所示的方法，用压缩空气吹进第 2 挡制动器衬垫，核实活塞能够移动。

（20）安装太阳齿轮及太阳齿轮输入毂，然后将油封环安装在中间轴上。

（21）安装前行星齿轮、行星齿圈。

129

(22)安装第2挡滑行制动带。

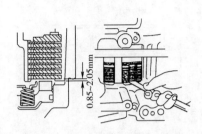

图7-19 第1及倒挡制动器盘片间隙的测量

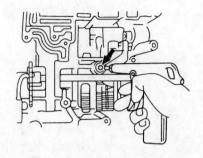

图7-20 第2挡制动器活塞动作的检查

(23)安装前进离合器和直接离合器,然后检查直接离合器毂与太阳齿轮输入毂之间的距离,应约为3mm,如图7-21所示。

(24)更换油泵O形环,并涂上自动变速器油,将油泵安装至壳体上,油泵螺栓拧紧力矩为22N·m。按图7-22所示的方法测量输入轴轴向间隙,应在0.25~0.90mm之间。如间隙不符,可更换不同厚度的轴承,然后检查输入轴能否平滑旋转。

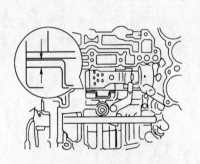

图7-21 直接离合器毂与太阳齿轮
输入毂之间距离的检查

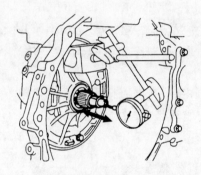

图7-22 输入轴轴向间隙的测量

(25)安装第2滑行挡制动器活塞,并按如图7-23所示的方法。在活塞杆与壳体接触处涂少量油漆做记号,用压缩空气(392~785kPa)施压,测量活塞行程。活塞行程应在2.0~3.5mm之间。如不符,应更换活塞杆。

图7-23 活塞行程的测量

(26)安装蓄能减振器活塞和弹簧,按规定力矩拧紧上盖螺栓,力矩为10N·m。

(27)安装好电磁阀引线和加速器拉索。

(28)将液压控制阀体安装好,拧紧力矩为11N·m。

(29)安装好油管,连接电磁阀连接器。

(30)安装好挡位选择阀和定位爪簧。

(31)安装好管架和油液滤网。

(32)油底壳应更换新衬垫,安装好油底壳,螺栓拧紧力矩为4.9N·m。

(33)安装好速度传感器、加速器拉索定位板、空挡起动开关、手动变速杆摇臂。

3 变矩器及油泵的检修

3.1 变矩器及油泵检修所需设备与器材

变矩器、油泵1套,磁力表座、百分表1套,塞尺1把,小刀口尺1把,维修工具1套,内径百分表1套,单向离合器检测专用工具1套。

3.2 变矩器及油泵检修操作步骤

3.2.1 变矩器的检测

(1)检查单向离合器。用图7-24所示的维修工具嵌入变矩器毂凹槽及单向离合器外座圈内,顺时针方向应能自由转动,逆时针方向应锁住,否则应更换变矩器总成。

(2)测量变矩器轴套偏摆。将变矩器装在驱动盘上,如图7-25所示,装好百分表,旋转变矩器,如果偏摆超过0.30mm而无法调整,则需更换变矩器。

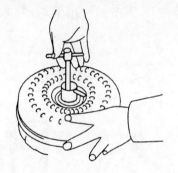

图7-24 变矩器内单向离合器的检查

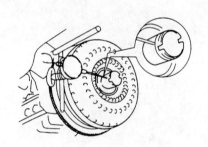

图7-25 变矩器轴套偏摆的测量

3.2.2 油泵的检测

(1)油泵分解后组件如图7-26所示。

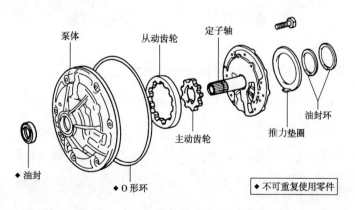

图7-26 油泵的分解

(2)如图7-27所示,用塞尺测量从动齿轮与泵体的间隙。最大间隙应不超过0.30mm,否则应更换泵体总成。

（3）如图7-28所示，用塞尺测量从动齿轮轮齿与泵体半月形部分之间的间隙，最大间隙应不超过0.30mm，否则应更换泵体总成。

图7-27　从动齿轮与泵体的间隙测量　　　图7-28　从动齿轮轮齿与泵体半月形
　　　　　　　　　　　　　　　　　　　　　　　　　部分之间的间隙测量

（4）如图7-29所示，用百分表测量油泵泵体衬套内径，应小于38.18mm，否则应更换油泵泵体总成。

（5）如图7-30所示，用百分表测量定子轴衬套内径，其数值应小于21.57mm，否则，应更换定子轴。

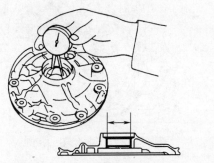 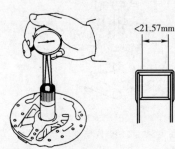

图7-29　油泵泵体衬套内径的测量　　　　图7-30　定子轴衬套内径的测量

4　离合器及行星齿轮机构的检修

4.1　离合器及行星齿轮机构检修所需设备与器材

A140E自动变速器1台，磁力表座、百分表1套，空气压缩机1台，内径百分表1套，塞尺1把，维修工具1套。

4.2　离合器及行星齿轮机构检修操作步骤（以A140E自动变速器为例）

4.2.1　直接离合器的检测

（1）直接离合器分解后的组件如图7-31所示。注意，拆活塞复位弹簧时，应用如图7-32所示维修工具压缩弹簧，先取下挡圈，再取出活塞复位弹簧。

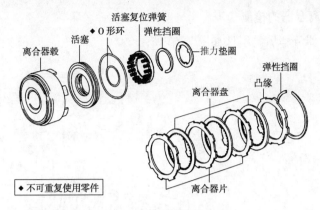

图 7-31 直接离合器的组成

(2)离合器活塞的检测。如图 7-33 所示,推拉摇动活塞时,箭头所指止回阀球应能自由移动,用低压压缩空气吹,不应漏气。

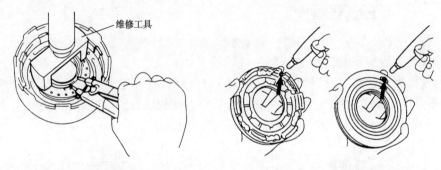

图 7-32 压缩弹簧的维修工具　　　　图 7-33 离合器活塞的检测

(3)离合器盘、片及凸缘的检测。检查离合器盘、片及凸缘的滑动面是否过度磨损或烧毁,如有,应予更换;如离合器盘摩擦衬层剥落、脱色或印刷号码表面部分磨灭,即应更换。新离合器盘在组装前,至少要在自动变速器油中浸泡 15min。

(4)直接离合器衬套内径的测量。如图 7-34 所示,用百分表测量直接离合器衬套内径,应小于 48.27mm,否则,应更换直接离合器。

(5)直接离合器活塞行程的检测。如图 7-35 所示,将直接离合器安装在油泵上,磁力表座固定在油泵上,百分表表针抵在活塞上,用压缩空气(392～785kPa)加压,活塞行程应为 0.91～1.35mm,如不符,可更换凸缘。可供选择的凸缘厚度有两种:2.70mm 和 3.00mm。

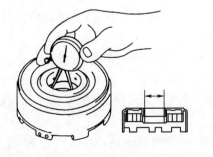
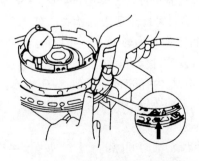

图 7-34 直接离合器衬套内径的测量　　　图 7-35 直接离合器活塞行程的检测

4.2.2 前进挡离合器的检测

(1)前进挡离合器分解后的组件如图 7-36 所示。

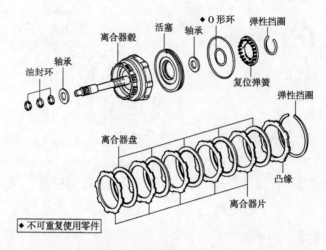

图 7-36 前进挡离合器的组成

(2)检查离合器活塞、盘、片、凸缘的方法同前。

(3)前进挡离合器活塞行程的检查。如图 7-37a)所示,固定安装百分表(表针抵在活塞上),用压缩空气(392~785kPa)按图 7-37b)所示的方法加压,活塞行程为 1.79~2.21mm,如不符,应更换凸缘。可供选择的凸缘厚度有两种:2.30mm 和 2.70mm。

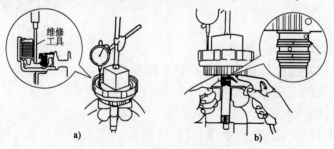

图 7-37 前进挡离合器活塞行程的检查
a)安装百分表;b)加压方法

4.2.3 前行星齿轮的检测

(1)前行星齿轮分解后的组件如图 7-38 所示。

(2)1 号单向离合器动作的检查。如图 7-39 所示,握住太阳齿轮,转动离合器毂,离合器毂应能顺时针方向自由转动,而逆时针方向则应锁住。

(3)太阳齿轮衬套内径的测量。如图 7-40 所示,用百分表测量太阳齿轮衬套内径,最大内径为 22.59mm,如内径超过最大值,应予更换。

(4)如图 7-41 所示,用百分表测量齿圈凸缘内径,最大内径为 30.08mm,如内径超过最大值,应予更换。

(5)行星齿轮轴向间隙的测量。如图 7-42 所示,用塞尺测量行星齿轮的轴向间隙,最大间隙为 0.61mm,如间隙超过最大值,应予更换。

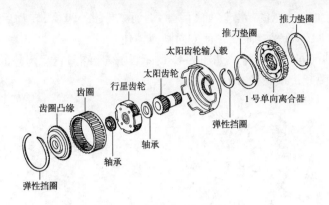

图 7-38 前行星齿轮的组成

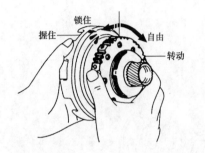

图 7-39 1 号单向离合器动作的检查

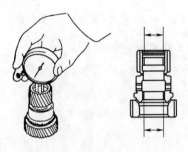

图 7-40 太阳齿轮衬套内径的测量

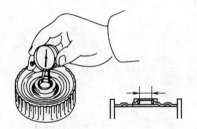

图 7-41 齿圈凸缘内径的测量

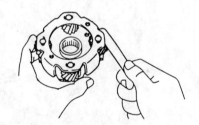

图 7-42 行星齿轮轴向间隙的测量

4.2.4 后行星齿轮的检测

（1）后行星齿轮分解后的组件如图 7-43 所示。

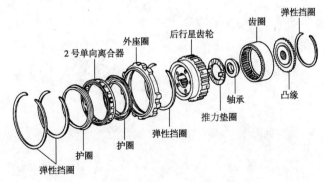

图 7-43 后行星齿轮的组成

(2)2号单向离合器动作的检查。如图7-44所示,握住外齿圈,转动后行星齿轮,后行星齿轮应能逆时针方向自由转动,而顺时针方向则应锁住。

(3)行星齿轮轴向间隙的测量。如图7-45所示,用塞尺测量行星齿轮的轴向间隙,最大间隙为0.61mm,如间隙超过最大值,应予更换。

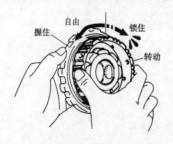

图7-44　2号单向离合器动作的检查　　　图7-45　行星齿轮轴向间隙的测量

4.2.5　O/D超速机构的检测

(1)O/D超速机构分解后的组件如图7-46所示。

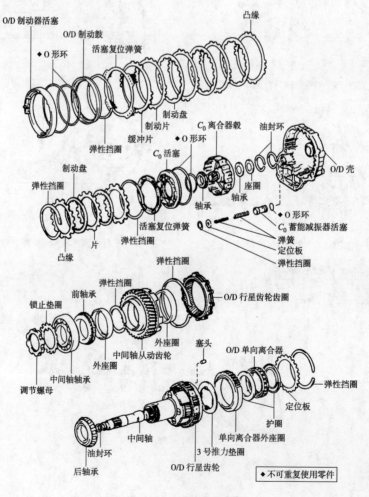

图7-46　O/D超速机构的组成

(2) 检查活塞上的止回阀球及离合器的盘、片、凸缘的方法同前。

(3) O/D 直接离合器活塞行程的检查。按图 7-47 所示的方法进行检查,所用压缩空气压力为 392～785kPa,活塞行程为 1.75～2.49mm,否则应重新装配或更换配件。

(4) O/D 直接离合器毂衬套内径的测量。如图 7-48 所示,采用百分表测量。最大内径为 22.13mm,如内径超过最大值,应予更换。

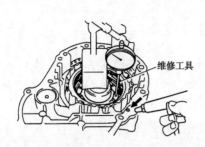

图 7-47　O/D 直接离合器活塞行程的检查

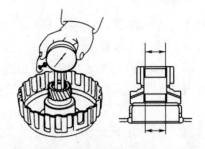

图 7-48　O/D 直接离合器毂衬套内径的测量

(5) 行星齿轮轴向间隙的测量。如图 7-49 所示,用塞尺测量,最大间隙为 0.61mm,如间隙超过最大值,应予更换。

(6) O/D 单向离合器的检测。如图 7-50 所示,将 O/D 直接离合器装入单向离合器,握住 O/D 直接离合器转动中间轴,中间轴应顺时针方向能自由转动,而逆时针方向则应锁住。

(7) 将 O/D 超速挡行星齿轮安装至 O/D 直接离合器上以后,中间轴主动齿轮距超速挡离合器壳的高度应约为 24mm,如图 7-51 所示。否则应重新装配。

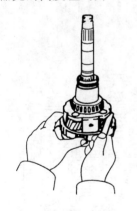

图 7-49　行星齿轮轴向间隙的测量

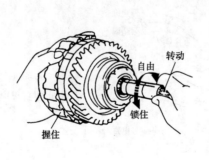

图 7-50　O/D 单向离合器的检测

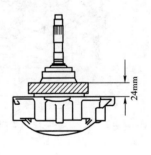

图 7-51　O/D 超速挡行星齿轮安装后的检测

5　油路控制阀的检修

5.1　油路控制阀检修所需设备与器材

A140E 自动变速器阀体 1 台,空气压缩机 1 台,清洗液 1 瓶,维修工具 1 套。

5.2 油路控制阀检修操作步骤(以 A140E 自动变速器为例)

由于自动变速器油路控制阀结构较复杂,有较多小而相似的零件,在装配时较难区分,所以拆卸时,应该每拆一个零件,即时用图纸描下其形状及位置。

5.2.1 阀体的拆卸

(1)阀体的组成如图 7-52 所示。

(2)拆下 1 号、2 号电磁阀。

(3)如图 7-52 所示,平放阀体,拧出连接上下阀体的全部螺栓,将上阀体与 1 号、2 号垫圈及板按住一起取下并翻转 180°,然后取下 1 号、2 号垫圈及板,防止上下阀体的球阀掉出。

(4)将图 7-53 所示位置(a、b、c、d、e)的上阀体的销、球阀取出。

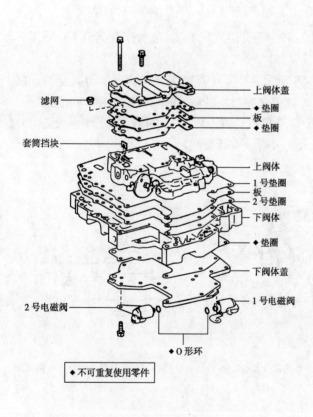

图 7-52 阀体的组成

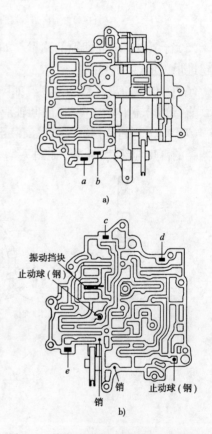

图 7-53 挡块、销、振动挡块及止动球的位置
a)上侧;b)下侧

(5)如图 7-54 中所示,将上阀体的控制滑阀逐个取下(每套控制阀取下后,用小塑料袋装好,防止与其他阀体搞混)。

(6)将图 7-55 所示位置(a、b、c、d、e、f)的下阀体的销、球阀取出。

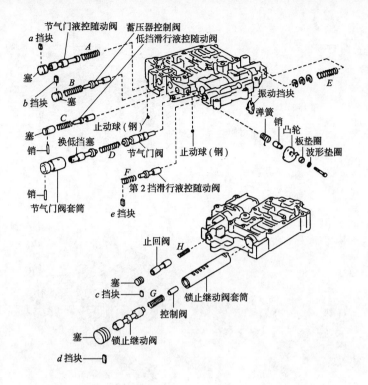

图 7-54 上阀体

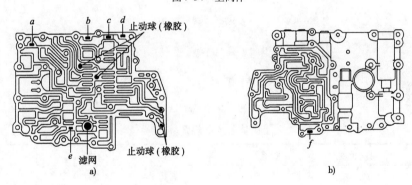

图 7-55 挡块、滤网及止动球的位置
a)上侧;b)下侧

(7)如图7-56所示,将下阀体的控制滑阀逐个取下(每套控制阀取下后,同样用小塑料袋装好)。

5.2.2 阀体的清洗与检测

(1)用清洗剂清洗上下阀体的油路、各控制滑阀、弹簧、止动球阀,然后用压缩空气吹干。

(2)检查各控制滑阀,其表面不应有损伤,且应能在滑座内运动自如,无卡滞或泄漏现象,否则应予更换。

(3)按表7-4、表7-5中的数据检测各弹簧的长度,如不符合要求应予更换。

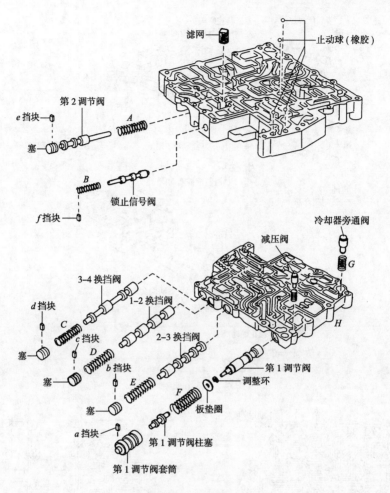

图 7-56 下阀体

上阀体各弹簧规范(mm) 表 7-4

弹簧	自由长度	线圈外径	弹簧	自由长度	线圈外径
A	21.70	9.50	E	30.70	9.20
B	28.06	10.06	F	20.93	8.50
C	21.60	7.90	G	26.56	10.20
D	29.76	8.73	H	21.80	6.00

下阀体各弹簧规范(mm) 表 7-5

弹簧	自由长度	线圈外径
A	43.60	10.90
B	30.00	8.20
C	29.27	9.70
D	29.27	9.70
E	29.27	9.70

续上表

弹　　簧	自由长度	线圈外径
F	66.65	18.60
G	19.90	11.00
H	11.20	6.40

5.2.3 阀体的装配

装配前,应更换所有的密封垫片及O形密封圈。

(1)按图7-54所示,将上阀体的各控制滑阀逐个装配。装配时各挡块的规范见表7-6,装配好后如图7-57所示。

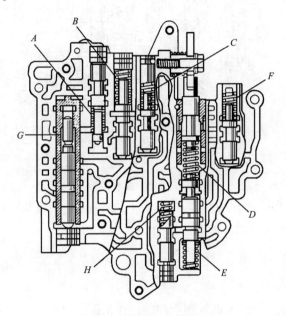

图7-57　上阀体控制滑阀装配图

上阀体各挡块规范(mm)　　表7-6

挡　块	高	宽	厚
a	9.2	5.0	3.2
b	11.5	5.0	3.2
c	9.2	5.0	3.2
d	15.0	5.0	3.2
e	15.0	5.0	3.2

(2)按图7-56所示,将下阀体的各控制滑阀逐个装配。装配时各挡块的规范见表7-7,装配好后如图7-58所示。

下阀体各挡块规范(mm)　　表7-7

挡　块	高	宽	厚
a	9.2	5.0	3.2
b	8.0	6.0	3.2
c	9.2	5.0	3.2

续上表

挡 块	高	宽	厚
d	8.0	6.0	3.2
e	13.0	6.0	3.2
f	15.0	5.0	3.2

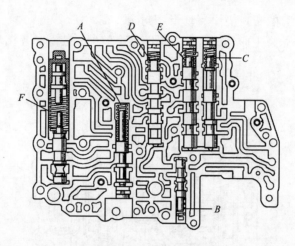

图 7-58　下阀体控制滑阀装配图

(3)将 1 号垫圈、阀板、2 号垫圈按顺序盖上上阀体,按住阀板与阀体,翻转 180°。盖到下阀体上,按规定力矩拧紧上下阀体的连接螺栓。

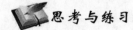 思考与练习

一、简答题

1. 说明丰田 A140E 自动变速器外围附件的连接情况。
2. 说明丰田 A140E 自动变速器的拆卸方法。
3. 说明丰田 A140E 自动变速器的装配方法。
4. 说明变矩器的检测方法。
5. 说明油泵的检测方法。
6. 说明前进挡离合器的检测方法。
7. 说明 O/D 超速挡机构的检测方法。
8. 说明油路控制阀的检测方法。
9. 怎样进行自动变速器的失速试验?
10. 怎样进行自动变速器的时间滞后试验?
11. 怎样进行自动变速器的油压检验?
12. 怎样进行自动变速器的道路试验?

二、选择题

1. 自动变速器的清洗换油周期里程一般为( )km 左右。
  A. 2 万～4 万　　　B. 6 万～8 万　　　C. 14 万～16 万　　　D. 20 万～22 万

2. 当换挡模式开关指向"P"位时,将(　　)。
   A. 提前升挡　　　　B. 越级升挡　　　　C. 推迟升挡　　　　D. 越级降挡
3. 当变速杆在"P"位时(　　)。
   A. 锁住自动变速器的输出轴
   B. 可以推车
   C. 压下自锁钮后,若无法拨动变速杆,则变速器操作系统肯定出现了故障
   D. 不能起动发动机
4. 当丰田车系仪表板上的"O/D OFF"指示灯稳定点亮时,说明(　　)。
   A. 自动变速器电控系统出现故障　　　　B. 换挡范围为1~4
   C. 汽车的动力性增强　　　　D. 无法升入第4挡(即O/D挡)
5. 自动变速器进行失速试验时,若失速转速偏高,说明(　　)。
   A. 发动机动力良好　　　　B. 变速器的油压偏高
   C. 变速器油压偏低　　　　D. 变矩器内的锁止离合器烧损打滑
6. 变速杆由N位换至D位,时滞试验时的时滞时间应为(　　)。
   A. 1.2s　　　　B. 1.8s　　　　C. 2.2s　　　　D. 2.8s
7. 在起步后提速行驶中,欲使自动变速器提前升入高挡,应采用(　　)。
   A. 一直大节气门开度
   B. 一直小节气门开度
   C. 快速连续抖动节气门
   D. 短时抬脚收油门(2s即可),然后再踩下

三、判断题(正确画√,错误画×)

1. 对于自动变速器新的离合器摩擦片,应在自动变速器油中浸泡至少15min以上才可以装配。　　　　(　　)
2. 装密封垫片或类似零件时,可用胶粘接。　　　　(　　)
3. 组装自动变速器时,必须全部更换新的密封垫片和新的O形密封圈。　　　　(　　)
4. 组装自动变速器时,组装的零件要干燥,可用棉纱等擦抹零件。　　　　(　　)
5. 组装自动变速器时,相互滑动或转动的零件表面,装配前要涂上自动变速器油。　　　　(　　)
6. 对于自动变速器的油泵,用塞尺测量从动齿轮与泵体的间隙,最大间隙不应超过0.30mm,否则应更换泵体总成。　　　　(　　)
7. 对于自动变速器的油泵,用塞尺测量从动齿轮轮齿与泵体半月形部分之间的间隙,最大间隙不应超过0.30mm,否则应更换泵体总成。　　　　(　　)
8. 当拔下丰田A140E自动变速器ECU的插头后,无论换挡杆放在何位,汽车都无法行驶。　　　　(　　)
9. 对于自动变速器的主油路压力,失速油压是怠速油压的2倍以上。　　　　(　　)
10. 对于自动变速器,POWER模式比NORM模式升挡早,即在较低的车速下就提前升入高挡。　　　　(　　)

单元八　轿车悬架与转向系统的维修

学习目标

知识目标

1. 简单叙述轿车前桥的组成；
2. 简单叙述轿车独立悬架的组成及拆装要点；
3. 正确描述轿车独立悬架的检修要点；
4. 正确描述轿车动力转向系统的检修要点；
5. 正确描述轿车前轮定位参数的检查与调整要求。

能力目标

1. 会分析悬架、行驶系统的常见故障；
2. 能完成悬架、行驶系统零部件的检修与更换；
3. 能完成动力转向系统零部件的检修与更换；
4. 能解决悬架和转向系统维修中的技术问题。

1　轿车悬架装置的检查与调整

1.1　前悬架的检修

1.1.1　前桥的组成

以奥迪 A6 轿车为例,前桥组成如图 8-1 所示。

1.1.2　独立悬架的组成

独立悬架的组成如图 8-2 所示。

1.1.3　独立悬架拆装

1.1.3.1　拆卸

(1)拆下车轮。
(2)从车身上拆下独立悬架。
(3)从制动钳体的支架上拔出 ABS 转速传感器。
(4)拧下导向臂上铰接球头螺母,并压出球头。
(5)拧下独立悬架下部控制臂的螺栓。
(6)拆下独立悬架。

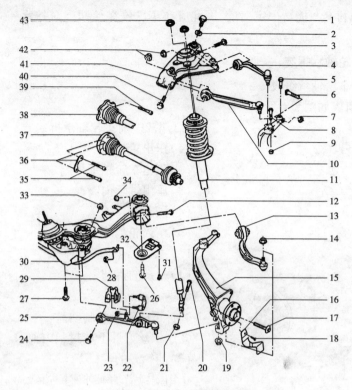

图 8-1 奥迪 A6 轿车前桥组成

1、3、5、8、12、17、20、26、27、31、40-六角螺栓;2-垫圈;4-上部后控制臂;6-螺栓;7、9、14、19、21、23、28、33、34、42、43-自锁螺母;10-上部前控制臂;11-减振支柱;13-下部导向臂;15-车轮轴承壳体;16-挡板;18、35、39-内六角螺栓;22-连接件;24-六角螺母;25-下部控制臂;29-夹子;30-副车架;32-副车架支架;36-垫片;37、38-传动轴;41-支座

1.1.3.2 安装

按与拆卸相反的顺序装配,并注意:

(1)装入独立悬架时箭头所示的孔应指向车的中部,如图8-3所示。

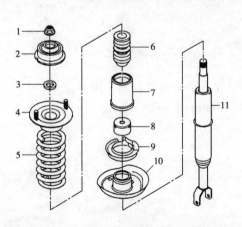

图 8-2 奥迪 A6 轿车独立悬架的组成

1-六角螺母;2-独立悬架支座;3-垫圈;4-上部弹簧座;5-螺旋弹簧;6-减振块;7、8-防护套;9-下部垫块;10-下部弹簧座;11-减振器

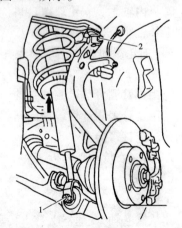

图 8-3 安装独立悬架

（2）橡胶金属衬套只能转一定角度，因此应在车已停在地面上时拧紧独立悬架下部控制臂处的螺栓。

1.1.4 前车轮轴承拆装

1.1.4.1 前车轮轴承组成

前车轮轴承组成如图8-4所示。

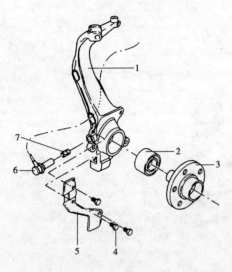

图8-4 前车轮轴承组成
1-车轮轴承壳体；2-车轮轴承；3-轮毂；4-六角头螺栓；5-挡板；6-转速传感器；7-夹子

1.1.4.2 前车轮轴承拆装

（1）压出轮毂。
（2）压出车轮轴承外圈。
（3）压出轴承内圈。
（4）压入车轮轴承。
（5）压入轮毂。

1.1.4.3 前轮毂的检修

（1）轮毂的拆卸。
①拆下制动钳。
②拆下前轮毂及制动盘。
③用螺丝刀拆下油封和内轴承。
（2）前轮毂的检修。
①用铜锤沿轴承外座圈边缘均匀地敲下外座圈；并用专用工具换装新的轴承外座圈。
②检查前轮毂轴承的磨损及损伤情况；换装新轴承时，先在手掌上盛以锂基润滑脂，再将润滑脂挤进轴承，直至一侧漏出为止。
（3）前轮毂装配。
①在前轮毂内侧和上盖涂以适量的锂基润滑脂。
②将内轴承装入轮毂内；再将油封涂以润滑脂装入轮毂，最后将轮毂装入转向节轴颈上，并装上外轴承及推力垫圈。
（4）前轮毂的调整。
①先以29N·m的力矩拧紧螺母。
②用弹簧测力计检测油封的摩擦力，旋转时轮毂轴承与油封的摩擦力为0～10N。
③用百分表测量轮毂轴向间隙极限值为0.05mm，以100N·m的力矩拧紧制动钳底板与转向节的连接螺栓。

1.1.4.4 传动轴的拆装

（1）拆卸。
①拆下车轮。
②从法兰轴/变速器上拧下传动轴固定螺栓，如图8-5所示。
③从制动钳支座上拔下ABS转速传感器导线。从车轮轴承壳体中轻轻拉出ABS转速传感器。
④松开螺母，拧下六角头螺栓，向上拉出两个控制臂，如图8-6所示。

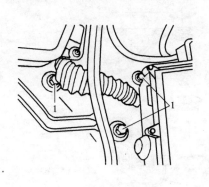

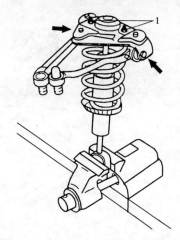

图 8-5 拆下固定螺栓
1-固定螺栓

图 8-6 拆下控制臂
1-紧固螺母

⑤将车轮轴承壳体转向一旁，拆下传动轴。

(2) 安装。

按与拆卸相反的顺序装配。

1.1.4.5 等角速万向节拆装

(1) 等角速万向节的组成。带等速万向节传动轴结构如图 8-7 所示。

(2) 润滑脂型号及用量。等速万向节使用 G000 603 润滑脂。

外等速万向节润滑脂用量：直径 88mm 的用 90g；直径 98mm 的用 120g。

内等速万向节润滑脂用量：直径 100mm 的用 80g；直径 108mm 的用 120g。

1.2 轿车后悬架的检查与修理

1.2.1 后桥组成

以奥迪 A6 轿车为例，后桥组成如图 8-8 所示。

1.2.2 后桥拆装

1.2.2.1 拆卸

(1) 举起汽车。

(2) 拆下车轮、盖板。

(3) 拆下防石板及其安装支架（仅指在恶劣道路行驶的车）。

(4) 松开左、右螺栓，放下变速器支架。

(5) 拧下驻车制动器拉索支架螺栓。

(6) 拆下转速轮感器夹持器，拉出 ABS 轮速传感器。

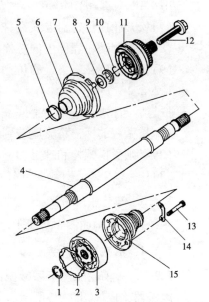

图 8-7 带等速万向节传动轴结构
1-卡簧；2-密封垫；3-内等速万向节；4-传动轴；5-卡箍；6-防尘套；7-卡箍；8-碟形垫圈；9-推力垫圈；10-卡环；11-外等速万向节；12-六角头螺栓；13-内多角螺栓；14-垫板；15-防尘套

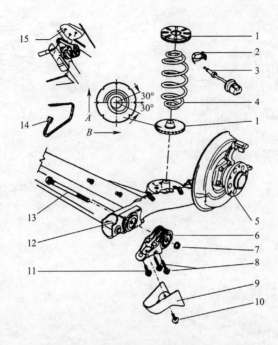

图 8-8 奥迪 A6 轿车后桥组成

1-弹簧垫;2-夹子;3-轮速传感器;4-螺旋弹簧;5-轮毂;6-支座;7-六角螺母;8、10、11、13-六角螺栓;9-防石板安装支架;12-后桥;14-紧固带;15-纵梁内螺纹件

(7) 松开轮速传感器导线夹,松开制动管路。

(8) 拧下制动钳壳体上的螺栓,拆下制动块。将制动钳捆到车身上,拆下制动盘。

(9) 标出支座在纵梁上的位置。拧下支座两侧的螺栓,取下后桥。

1.2.2.2 安装

按与拆卸相反的顺序装配。并注意:

(1) 按做好的标记将支座装到纵梁上。

(2) 必须更换螺栓和螺母,并按规定力矩拧紧。

(3) 压入 ABS 轮速传感器时应换装新橡胶密封垫。左侧传感器凸缘朝前,右侧朝后。

1.2.3 车轮轴承拆装

车轮轴承结构如图 8-9 所示。

1.2.4 后减振器拆装

1.2.4.1 前轮驱动车后减振器组成

减振器组成如图 8-10 所示。

1.2.4.2 拆装

(1) 拆卸。

① 将车举起,使螺旋弹簧处于无载荷状态。

② 松开左、右螺栓,放下减振器支架。

③ 拧下螺栓,拆下减振器。

单元八 轿车悬架与转向系统的维修

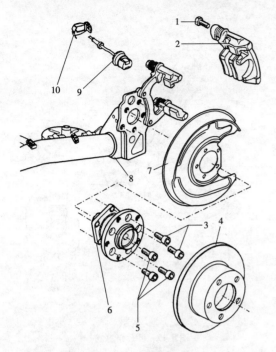

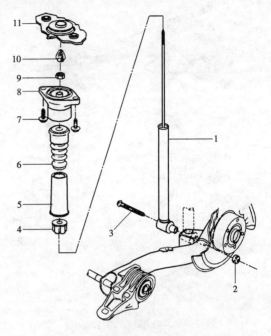

图8-9 车轮轴承结构

1-自锁螺栓;2-制动钳;3、5-内六角头螺栓;4-制动盘;
6-轮毂及轴承总成;7-挡板;8-车桥;9-转速传感器;10-夹子

图8-10 减振器

1-充气减振器;2-六角螺母;3、7-六角头螺栓;4-保护帽;
5-防护套;6-缓冲块;8-减振器支座;9-自锁六角螺母;
10-安装盖;11-车轮罩内螺纹件

(2)安装。

按与拆卸相反顺序进行安装。并注意:必须更换螺栓和螺母;减振器如果严重漏油或失效应成对更换。新更换的减振器在安装前应检查是否良好,并推拉几次看是否正常。

2 动力转向装置的修理

2.1 动力转向装置的组成

动力转向系统的组成如图8-11所示。

2.2 动力转向装置的拆装

2.2.1 动力转向叶片泵拆装

叶片泵一般不可修理,若确定有故障,应更换叶片泵。叶片泵总成如图8-12所示。

叶片泵总成拆卸步骤如下:

(1)拆下隔声板。

(2)松开张紧装置,拆下多楔带。(拆卸前标出其旋转方向,不要装反。否则多楔带易断裂。)

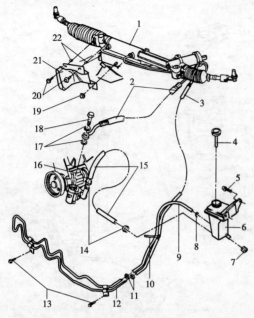

图8-11 动力转向装置的组成

1-动力转向器;2-膨胀软管;3-回油软管;4-盖;5-螺栓;6-储油罐;7-橡胶衬套;8、11、14-卡箍;9-回油软管;10-扎带;12-冷却管;13-螺栓;15-供油管;16-叶片泵;17-油封;18-空心螺栓;19-弹性螺母;20-组合螺栓;21-护罩;22-膨胀螺母

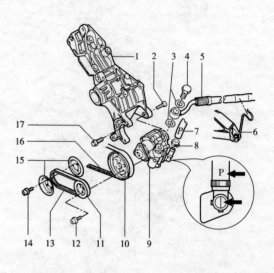

图8-12 叶片泵总成

1-支架;2、12、14-内六角螺栓;3-油封;4-空心螺栓;5-膨胀软管;6-夹子;7-供油软管;8-卡箍;9-叶片泵;10、11、15-皮带轮;13、16-多楔带;17-六角头螺栓

(3) 拧下硅油风扇皮带轮螺栓,用金属线向上捆住硅油风扇。
(4) 松开两件式皮带轮(用于水泵)上的螺栓,一直松到可以取下水泵多楔带。
(5) 拧下叶片泵皮带轮螺栓。
(6) 夹紧油管,并放置一容器,以接住油液。
(7) 拆下供油管的卡箍。拔下供油管并放在一旁。
(8) 拧下膨胀管螺栓。

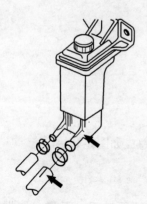

图8-13 储油罐上的供油软管安装标记

(9) 拆下叶片泵。

按与拆卸相反的顺序进行安装,并注意:

(1) 安装新泵前,应在进油端加注液压油并用手转动泵,直到出油端出油。
(2) 空心螺栓换装新油封。
(3) 装供油软管时,注意标记P必须与泵上的接缝对齐。
(4) 储油罐上的供油软管的标记必须与储油罐上的接缝对齐,如图8-13所示。

2.2.2 动力转向器总成拆装

动力转向器总成如图8-14所示。
动力转向器拆卸步骤如下:

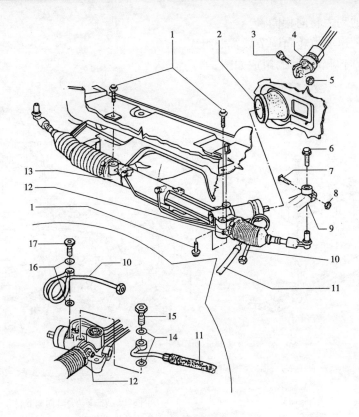

图 8-14 动力转向器总成

1-六角头螺栓；2-密封套；3-偏心螺栓；4-转向柱；5-自锁六角螺母；6-组合螺栓；7-螺栓；8-自锁螺母；9-转向横拉杆臂；10-压力油管；11-回油软管；12-圆柱头螺栓；13-转向器壳体；14、16-密封圈；15、17-空心螺栓

(1) 拆下压力舱盖。

(2) 拆下驾驶人一侧杂物箱。

(3) 将车轮摆正。

(4) 拧下万向节螺母，顺时针转动并拆下紧固螺栓，松开偏心机构。

(5) 将万向节转向一旁，在转向盘处于中间位置时拔下点火钥匙，稍微转动转向盘，使转向柱锁啮合，如图 8-15 所示。

(6) 夹紧供油管和回油管。

(7) 拆下两个前车轮，拧下六角头螺栓，拔出转向横拉杆。

(8) 下面放一容器接液压油，从转向器上拧下回油管螺栓。

(9) 从转向器上拧下压力软管螺栓。对于装有随速动力转向的车，要拔下调节阀插头。

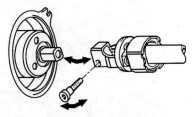

图 8-15 转向柱锁啮合

(10) 松开转向器螺栓，拆下转向器，如图 8-16 所示。

按与拆卸相反的顺序进行安装。

2.2.3 随速动力转向调节装置

有的轿车带有随速动力转向调节装置，其转向力可随车速进行电控调节。若电控部分发生故障,则与普通动力转向相同。

2.2.3.1 随速动力转向调节装置的组成

随速动力转向调节装置的组成如图 8-17 所示。

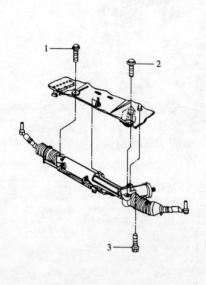

图 8-16 拆下转向器
1、2、3—连接螺栓

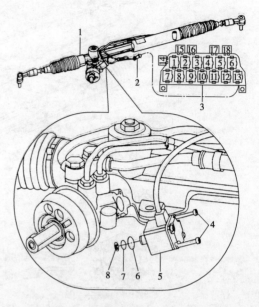

图 8-17 随速动力转向调节装置
1—转向器;2—插头;3-13 孔继电器盘;4—内六角螺栓;5—调节阀;6、7—油封;8—小滤网

2.2.3.2 检查

在使用过程中,可能由于电路原因或调节阀损坏而使随速动力转向调节装置失效。应检查供电、车速信号及调节阀。步骤如下:

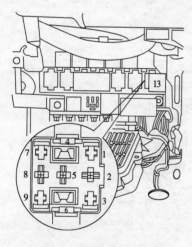

图 8-18 拔下调节阀继电器

(1)拆下驾驶人一侧杂物箱。

(2)拆下熔断丝支架。

(3)如图 8-18 所示,拔下位置 13 上的调节阀继电器 J236。

(4)检查供电。

①打开点火开关。

②测量继电器插头上的触点 6 和 8 间电压,应为 12V。

③若电压不合适,检查导线。若导线正常,继续检查。

(5)检查调节阀。

测量继电器插头上触点 2 和 5 间电阻,应为 5~20Ω。若未达到规定值,拔下插头(在左车轮罩内),检查导线。若导线正常,拆下转向器,更换调节阀。

(6)检查车速信号。

车速信号来自仪表板上的车速表 G21。

若供电、调节阀及车速显示正常,检查触点 4 与 G21 之间的导线。

若触点 4 与 G21 之间的导线正常,更换调节阀继电器。

3 车轮定位的检查和调整

3.1 车轮定位参数

前轮定位参数包括:主销后倾角、主销内倾角、前轮外倾角和前轮前束。后轮定位参数包括:后轮外倾角和后轮前束。

3.2 前轮定位的检查与调整

部分轿车前轮定位参数标准值见表 8-1。

部分轿车前轮定位参数标准值　　　　表 8-1

参数 车型	主销后倾角	主销内倾角	前轮外倾角	前轮前束（mm）
红旗 7220	1°10′	14°10′	−30′±30′	0
奥迪 100	1.16°	14.2°	0°±30′	0
捷达/高尔夫	15°±0.5°	—	−30′±20′	0±0.10
上海桑塔纳	50′±30′	—	−30′±20′	−1~−3
广州标致	2°±30′	0°±30′	0°±30′	3±1
神龙富康	1°30′	10°45′	0°	1~3
天津夏利	2°55′	12°	0°20′	1
北京切诺基	—	7.5°	0°±30′	—
皇冠 MS、YS、LS	−5°	7°20′	25′±30′	4±2
皇冠 3.0、雷克萨斯	9°10′±45′	—	0°05′±45′	2±1
韩国大宇	1°45′±1°	—	−25′±45′	0±1
韩国现代	1°20±30′	12°59′	0°±30′	2~4
通用 GM	—	6°±7.5′	30′±45′	1.6~2.4

(1)检查轮胎的磨损情况及轮胎的气压(参见有关说明书),若气压不符合标准,应按规定值充足气。

(2)检查汽车的前、后端高度(参见有关说明书),若不符合规定值,应检查悬架装置的工作情况。

(3)安装和检测前轮的定位设备,如图 8-19 所示。

(4)检测前轮定位各参数,如图 8-20 所示。

(5) 对于摆臂式独立悬架，若前轮外倾角或主销内倾角未达到规定值，应通过增加或减少上摆臂的调整垫片加以调整。对于麦弗逊式独立悬架，若前轮外倾角或主销内倾角未达到规定值，可通过调整下摆壁球头的位置加以调整。

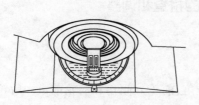
图 8-19　安装设备

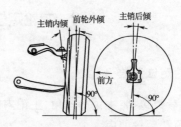
图 8-20　检测前轮定位各参数

(6) 检验前轮前束。将两前轮朝汽车行驶的前方摆正；在两前轮后面同一高度处做一记号，按此记号测量两轮胎后面距离；将车向前移动（图 8-21），直至两轮胎后面的记号转到前方同一高度为止，再测两记号之间的距离，用前束尺两次测量之差为该车的前束值（两记号后端距离值减去前端距离值），如图 8-22 所示。

若前轮前束值不符合要求，可通过调整横拉杆的长度来调整前轮前束。

(7) 检测前轮转角。将前轮架起，使前轮摆正与直线行驶方向平行并画出直线；然后将转向盘向一侧转到极限位置，再按车轮转角方向画线，两条直线夹角即为前轮最大转角，如图 8-23 所示。部分轿车前轮最大转角见表 8-2。

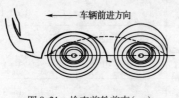
图 8-21　检查前轮前束（一）

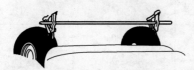
图 8-22　检查前轮前束（二）

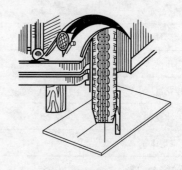
图 8-23　检测前轮转角

部分轿车前轮最大转角　　　表 8-2

车　型	前轮最大转角	
	内轮	外轮
红旗 CA7220	39.6°	33.5°
奥迪 100	48.18°	35°16′
神龙富康	38°50′	31°40′
天津夏利	39°55′	35°±2°
丰田 MS、YS、LS	38°	29°31′
捷达/高尔夫	39°	33°

单元八　轿车悬架与转向系统的维修

(8) 转动转向盘时,转向盘不能碰到制动软管;若前轮最大转角不符合规定值,可调整转向节止动螺栓,如图8-24所示。

(9) 用测量仪器检查两前轮侧滑量,如图8-25所示。若两前轮侧滑量超过极限值,可调整前轮前束和前轮外倾角。

图8-24　调整止动螺栓

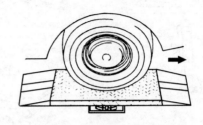

图8-25　检测前轮侧滑量

3.3　后轮定位的检查与调整

部分轿车的后轮定位参数标准值见表8-3。

部分轿车后轮位参数标准值　　　　　　　　　　表8-3

车　型		前　束	外　倾
皇冠MS、YS、LS系列		1mm±4mm	0°15′±45′
皇冠3.0、雷克萨斯	非空气悬架	1mm±2mm	0°05′±45′
	空气悬架	3mm±2mm	-0°45′±45′
别克新世纪		-0.40°~0.20°	-0.65°~0.35°
捷达		1°20′±10′	-1°30′±10′

(1) 后轮前束的检查。检查方法同前轮前束的检查方法。丰田佳美轿车的前束值为(4±2)mm,如果检查前束值不符合标准,如图8-26所示,应调整2号下悬架臂。其调整方法如下:

①测量左、右2号下悬架臂,左右差不大于1.0mm。若左右差值大于规定值,调节其长度。

②松锁紧螺母,等量旋转左、右调节臂进行调节后轮前束。

③按规定力矩(56N·m)拧紧锁紧螺母。

(2) 后轮外倾角的检查。检查方法同前轮外倾的检查。

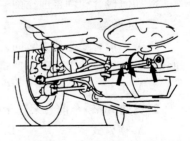

图8-26　调整2号下悬架臂

后轮外倾有的轿车不能调整,如果不符合规定,应检查或更换悬架横梁。别克新世纪轿车后轮外倾角与前轮外倾角一样,可通过将支柱上的右边一孔锉成长方形的方法,调整外倾角,如图8-27所示。

皇冠3.0和雷克萨斯轿车后轮前束和外倾角的调整,通过转动摆臂上的调整凸轮(偏心销)来实现,如图8-28所示。

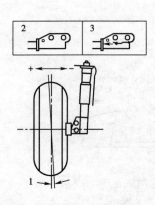 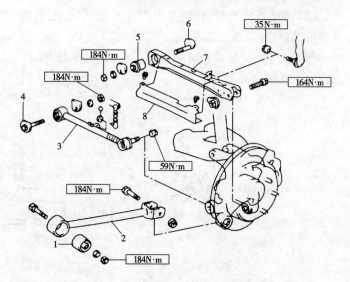

图8-27 车轮外倾角的调整
1-车轮外倾角;2-锉前的孔;3-锉后的孔

图8-28 皇冠3.0和雷克萨斯轿车后悬架下摆臂和支撑杆
1、5-衬套;2-支撑杆;3-1号下悬架臂;4、6-调整凸轮;7-2号下悬架臂;8-盖

思考与练习

一、简答题

1. 如何进行轿车前悬架的检修?
2. 如何进行轿车后悬架的检修?
3. 如何进行动力转向装置的检修?
4. 如何进行车轮定位的检查与调整?
5. 轿车动力转向器如何解体?
6. 轿车四轮定位参数都有哪些?
7. 对于不同结构的独立悬架系统,如何调整主销倾角?
8. 如何检查和调整前轮前束?

二、选择题

1. 关于带有随速动力转向调节装置的轿车,甲说:若电控部分发生故障,则与普通动力转向相同;乙说:转向力可随车速进行电控调节。说法正确的是(　　)。

　　A. 甲对　　　　　　B. 乙对　　　　　　C. 甲乙都对　　　　　　D. 甲乙都不对

2. 奥迪A6轿车前悬架属于(　　)悬架。

　　A. 横臂式　　　　　B. 纵臂式　　　　　C. 麦弗逊式　　　　　　D. 三者都不属于

3. 在装配前轮毂时,甲说:在装配前应在前轮毂内侧和上盖涂以适量的锂基润滑脂;乙说:装配后,前轮毂不需要进行调整。说法正确的是(　　)。

　　A. 甲对　　　　　　B. 乙对　　　　　　C. 甲乙都对　　　　　　D. 甲乙都不对

4. 检测汽车的车轮定位时,甲说:不需要检查轮胎的气压和磨损情况;乙说:检测两前轮的侧滑量是对前轮定位的动态检测。说法正确的是(　　)。

　　A. 甲对　　　　　　B. 乙对　　　　　　C. 甲乙都对　　　　　　D. 甲乙都不对

5. 在调整后轮的外倾角时,甲说:奥迪 A6 轿车不能调整;乙说:雷克萨斯轿车通过转动摆臂上的调整凸轮来实现。说法正确的是( )。

  A. 甲对   B. 乙对   C. 甲乙都对   D. 甲乙都不对

三、判断题(正确画√,错误画×)

1. 前轮最大转角内轮与外轮一样。   ( )
2. 后轮前束和后轮外倾不能调整。   ( )
3. 动力转向系统的叶片泵总成一般不能修理。   ( )

单元九 制动系统的检修

知识目标

1. 简单叙述轿车制动系统的结构类型;
2. 正确描述车轮制动器的检修及调整方法;
3. 正确描述制动踏板自由行程的调整方法;
4. 正确描述 ABS/ASR 使用与维护知识;
5. 正确描述 ABS/ASR 的放气方法。

能力目标

1. 能正确完成车轮制动器的检修;
2. 能正确进行制动踏板自由行程的检查与调整;
3. 能正确进行 ABS 的故障排除分析;
4. 能正确完成 ABS 的放气;
5. 能解决制动系统维修中的技术问题。

1 车轮制动器的检修

由于盘式制动器具有许多优点,在现代轿车和轻型载货汽车上被广泛应用。国产轿车上大多采用前盘后鼓式制动器。

1.1 盘式制动器的检修

1.1.1 制动器的结构

图 9-1 所示为前轮制动器。

1.1.2 注意事项

(1)更换制动摩擦块后,在车静止时,用力将制动踏板踏下数次,以保证摩擦块就位。

(2)内摩擦块(带胀簧)上有一箭头,该箭头指向制动盘旋转方向。如安装错误,会产生噪声。

(3)外摩擦块背面有黏性薄膜,安装前须将其揭下,揭下薄膜时要特别小心。

(4)同一轴上的衬片应一同更换。

(5)安装新制动块前,必须彻底清洁制动钳(不能有

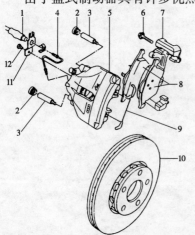

图 9-1 前轮制动器
1-制动软管;2-帽;3-导向销;4-制动管;5-制动钳体;6-加筋螺栓;7-制动托架;8-制动摩擦块;9-定位弹簧;10-制动盘;11-支架;12-六角头螺栓

油脂)。

1.1.3 制动器的拆卸

(1) 在制动钳壳体与活塞间塞入木块,向制动管内加入压缩空气,将活塞从缸体中压出。

(2) 用木棒将活塞密封圈从制动钳活塞孔中拆出。检查制动钳活塞及孔有无腐蚀、起槽或划痕,必要时,应更换损伤零件。

(3) 将新的防尘套装在活塞上,然后用制动液来润滑活塞和制动钳活塞孔。

(4) 将新的活塞密封圈装入制动钳活塞孔,然后用干净的制动液润滑密封圈。

(5) 将活塞装入制动钳活塞孔,再将防尘套内凸套插入制动钳的槽内。

(6) 拧松排气螺钉,将制动钳活塞压进制动钳活塞孔,确保防尘套进入活塞的槽内。

1.1.4 制动盘的检查与修理

主要检查有没有擦伤和翘曲变形。方法:在制动盘与制动块的接触面上,沿圆周方向选六个点,可用千分尺测量其厚度,如图9-2a)所示。如果厚度的最大差值超过0.13mm,则此制动盘需要进行重新加工。

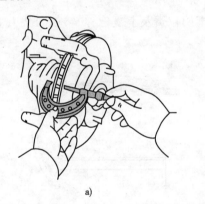
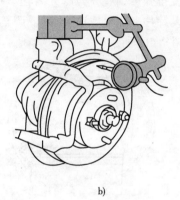

图9-2 制动盘的检查
a) 测量制动盘的厚度;b) 测量制动盘的摆差

制动盘厚度不得低于标准厚度2mm,否则需要更换。

注意:同一轴上两个制动盘必须同时更换,以确保产生的制动力相等。

在修理时,要同时检查制动盘有无偏摆。用百分表测量制动盘摆差,如图9-2b)所示。如果大于0.06mm,应予以更换。

1.1.5 制动钳的检查与修理

(1) 制动钳的分解,如图9-3所示。

①将制动钳夹在台虎钳上,用六方扳手按逆时针方向拆下活塞。

②将活塞密封圈从活塞孔撬出,注意不要划伤活塞孔。检查活塞和制动钳活塞孔有无损伤和磨损情况。

③将新的防尘罩装在活塞上,用新的制动液润滑活塞及活塞孔。将防尘罩的凸边插入制动缸槽内。

④用六方扳手按顺时针方向转动压入活塞,将防尘罩压

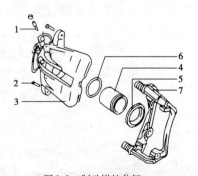

图9-3 制动钳的分解
1-放气螺钉;2-自锁螺栓;3-制动钳壳体;
4-活塞;5-防尘罩;6-橡胶油封环;7-制动钳支架

入活塞槽内。

(2)制动钳的检修。

①检查制动钳体是否有裂纹,若有,应更换新件。后轮制动钳体驻车制动拉索杆处如果泄漏,应更换钳体。修理后应给制动钳体排气。

②检查制动钳体是否有变形或损伤。

③检查制动轮缸,是否有裂纹或缺口,油管接头、放气螺钉及固定螺纹损坏,缸筒内径磨损或有拉痕,应更换制动轮缸总成。

④制动钳体内活塞、密封件等部件应按要求进行维修。

1.2 鼓式制动器的检修

捷达轿车后轮采用鼓式制动器,摩擦片磨损极限为2.5mm(衬片厚度)。当后制动摩擦片接近磨损极限时,应立即更换制动摩擦片。其步骤如下:

(1)拆下制动鼓、弹簧座。

(2)取下复位弹簧、制动蹄片,分离驻车制动拉索。

(3)把制动蹄片夹在台虎钳上,拆下调整楔的拉簧及上复位弹簧,如图9-4a)所示。取下定位弹簧,如图9-4b)所示。

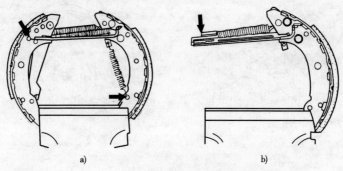

图9-4 鼓式制动器的拆卸

(4)换上新的制动蹄片,挂上定位弹簧,将制动蹄片装到推杆上。

(5)插入调整楔,将制动蹄片和制动杆装到推杆上。

(6)装上复位弹簧,把驻车制动拉索连接到制动杆上,把制动蹄片装到车轮制动缸活塞上;装下复位弹簧,并把蹄片举到下支承上。

(7)连接调整楔弹簧,装上带有弹簧座的弹簧。

(8)装上制动鼓,调整车轮轴承间隙。

(9)用力踏一次制动踏板,使后制动蹄就位。

2 制动装置的检修

2.1 驻车制动器的调整

只有在更换驻车制动拉索或更换制动器部件后,才需要重新调整。步骤如下:

(1)拆下后部出风口(中央副仪表板)。

(2)拆下补偿环处所有塑料件,这些件拆下后要换新件。

(3)用螺丝刀卡住补偿环,使之不能转动,如图9-5所示。

(4)如图9-6所示,拆下锁止元件D。用扳手固定住E,拧入调整螺母C,一直拧到底。

(5)压缩粗调器B,拧出调整螺母,拧下可看见锁止元件的槽。插入锁止元件。

(6)同时拉开两拉索护套的粗调器,拉至拉索顶张紧,进行这一步时,不可使杠杆离开制动。

(7)取下补偿环处螺丝刀,用力拉紧驻车制动器三次。

调整完成后,带颜色O形环2就看不见了,如图9-7所示。

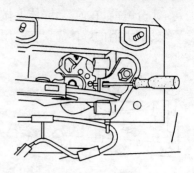

图9-5 补偿环的固定

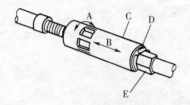 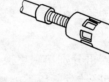

图9-6 锁止元件的拆卸　　图9-7 带颜色O形环的位置

(8)检查驻车制动器拉索预张紧,如需要,可拧出或拧入细调器A,拧至杠杆稍稍离开制动钳,注意尺寸,应可看到这个小间隙,但不超过1.5mm。

2.2 制动助力器的检修

2.2.1 制动助力器的检查

(1)用力踩制动踏板数次,消除助力器的真空。

(2)踏下制动踏板,使其处在制动位置上。

(3)起动发动机,踏板有下降趋势,说明助力器工作正常;如无下降趋势,则说明出现故障,应检修。

2.2.2 助力器的拆卸与分解

(1)拆卸步骤:蓄电池搭铁线→制动主缸→真空软管→制动助力器。

(2)制动助力器的分解如图9-8所示。

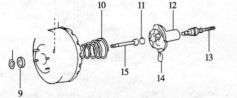 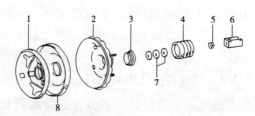

图9-8 助力器的分解图

1-加力器活塞;2-后壳体;3-后壳体密封环;4-防尘套;5-锁紧螺母;6-夹钳;7-空滤器毡圈;8-膜片;9-前壳体密封环;10-膜片弹簧;11-反作用圆盘毂;12-阀体;13-操作杆;14-止动键;15-推杆

①分解前,在前、后壳体上做标记,便于安装。
②助力器的解体需要在专用工具上进行,如图9-9所示。

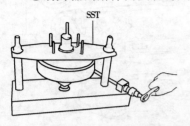

图9-9 助力器的解体

③依顺序拆下膜片弹簧、推杆、膜片总成及前壳体密封件等。

2.2.3 助力器的修理

真空助力器常见故障是膜片破裂和密封件失效等。出现故障时,制动效能降低,必须尽快修理。

(1)清洗全部金属零件,橡胶制品用酒精或制动液清洗,禁止用汽油清洗。
(2)检查阀和阀座,如果有破裂或沟槽,应更换阀体。
(3)检查推杆和操纵杆如果有磨损,应更换或涂镀修复。推杆在阀体内应滑动自如。
(4)检查壳体和膜片如果有破裂,则更换助力器总成。
(5)前后密封件如果有泄漏必须更换。

2.2.4 制动主缸的检修

(1)制动主缸和制动助力器可分别单独更换。
(2)轿车制动主缸一般不可分解,所以不能修理。
(3)必须使用新制动液,注意制动储液罐上的标签内容。
(4)制动管接头要正确匹配。油封必须更换。

2.3 制动踏板自由行程的检查与调整

2.3.1 制动踏板的构造

制动踏板的构造如图9-10所示。

2.3.2 踏板自由行程数值的检查

检查时,可用手轻轻压下踏板,当手感变重时,用钢直尺测出踏板的下移量,即为踏板的自由行程,检查是否符合有关的技术规定。一般不超过15mm。

另外还要检查踏板的踏下余量。若踏下余量减小,主要原因是制动间隙过大、盘式制动器自动补偿调整不良、制动管路内进气、缺制动液等。若踏板余量过小或为零,会使制动作用滞后、减弱,甚至失去制动作用。

2.3.3 踏板自由行程的调整

大多通过调节推杆长度的方法。将推杆长度缩短,自由行程增大;加长则减小自由行程。

不论何种调整方法,调整完毕后,应将锁紧螺母锁止。

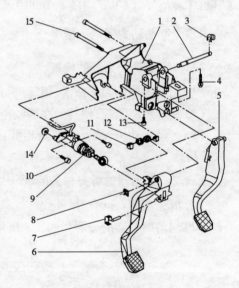

图9-10 制动踏板的构造

1-支座;2-离合器和制动踏板枢轴;3-固定卡子;4-内六角螺栓;5-制动踏板;6-离合器踏板;7-销;8-固定夹子;9-主缸;10-六角头螺栓;11-支件;12-偏心弹簧;13-内六角螺栓;14-螺母;15-Trox螺栓

单元九 制动系统的检修

3 ABS/ASR 的检修

3.1 基本组成

奥迪 A6 轿车制动系统采用十字交叉式液压双管路布置,带有电子制动力分配装置、电子差速器及驱动防滑调节装置。

3.2 电子控制装置的维修

奥迪轿车 ABS 液压装置,采用四轮独立控制的四通路,四个电磁阀分别控制四个轮缸的油压。

3.2.1 维修注意事项

(1)维修 ABS 前,用自诊断来确定故障原因。如装上新的液压控制单元,应检查其编码。

(2)电焊作业前,应拆下电子控制器的导线插头。避免电子控制器长时间承受高温,在 2h 内能承受最高温度是 85℃。

(3)拆卸液压调节器之前,应拆下蓄电池负极搭铁线。

(4)在维修制动装置后,例如更换蹄片或制动盘,调整或更换驻车制动拉索,及不涉及防抱死制动系统的作业后,应进行路试。车速达到 65km/h 时,ABS 警示灯应不亮,如果亮,则系统有故障,应及时查明。

(5)ABS 无须维护。检测、组装和修理工作应由专业人员来完成。如不遵守维修手册中的说明,会损坏系统,影响行车安全。

3.2.2 高低压检测

检测前,检查制动系统(制动主缸、制动软管、制动管和制动钳)的功能及是否泄漏。

3.2.2.1 高压检测

(1)拧下前制动钳上的排气螺栓,接上压力表 V.A.G1301A,给系统排气。

(2)在制动踏板和驾驶人座椅之间装上制动踏板压下装置。在制动踏板上加力,直到压力表上显示 5MPa 压力。45s 内,压降不可大于 0.4MPa,否则更换液压控制单元。

3.2.2.2 低压检测

(1)回调制动踏板压下装置,直到读数为 0.6MPa。

(2)3min 内压力下降应超过 0.1MPa,否则,更换液压控制单元。

3.2.3 维修 ESP 液压单元

奥迪 A6 轿车可以选装带电子稳定程序(ESP)的 Bosch5.3 ABS,如图 9-11 所示。

首先给带 ESP 的制动系统排气。ESP 液压单元只能整体更换。奥迪 A6 上所有制动管拧紧力矩均为 15N·m。

制动管路连接(带液压泵的 ESP 液压单元)关系如图 9-12 所示。

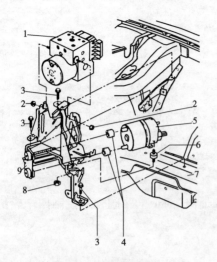

图 9-11　ESP 液压单元
1-ESP 液压单元；2-六角螺母；3-组合螺母；4-缓冲块；5-ESP 液压泵 V156；6-缓冲块；7-车身；8-六角头螺栓；9-支架

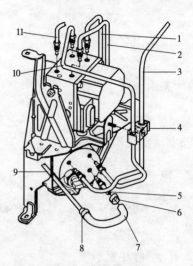

图 9-12　制动管路连接
1-左前制动管；2-右前制动管；3-制动管；4-支架；5、7-连接管；6、8-软管卡箍；9-吸入管；10-制动管（接预加压泵）；11-制动管（接制动主缸浮动活塞管路）

3.2.4　前轮速传感器的拆卸与安装

奥迪 A6 轿车前轮速传感器的拆装如图 9-13 所示。

（1）拆卸：

①拆下前轮，用内六角扳手拆下固定螺栓和带转子的传动轴。

②从支架上松开连接装置，拉出左右轮速传感器。

（2）安装：

①安装卡夹。安装时须更换新的，且左右相同。安装前用 G000 650 润滑车轮轴承壳体内的孔。

②安装带转子的传动轴。安装前应检查转子是否脏污或损坏。

③安装轮速传感器。把轮速传感器安装到悬架减振柱上，尽量向里推，使它的尖端刚刚接触等速万向节上的转子。最后压入轮速传感器插头。

④拧紧固定螺栓。只有在发动机熄火、汽车停车在地面上时，才可以松开或拧紧。

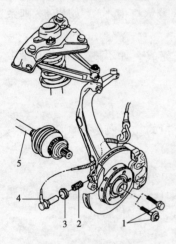

图 9-13　前轮速传感器的拆装
1-螺栓；2-卡夹；3-密封件；4-轮速传感器；5-传动轴

3.2.5　后轮速传感器的拆卸与安装

（1）拆下后轮，压下驻车制动器拉索的垫，使之离开后轴凸缘，以便接近轮速传感器。

（2）从后轴凸缘上拆下轮速传感器，从纵臂上拆下轮速传感器导线。

（3）拆下后排座，从底下找到轮速传感器导线接头，把接头分开。

(4)拆下护板,从汽车底下取出轮速传感器。

(5)安装前,检查后轮毂轴承间隙,使用新的O形密封圈。

(6)安装与拆卸的顺序相反。使它的尖端刚刚没有接触到后轮毂的转子。拧紧固定螺栓。如图9-14所示。

3.2.6 电子控制器的拆卸和安装

(1)拆下蓄电池负极搭铁线,拆下后排座,电子控制器安装在后排座底下左侧。

(2)导线插头弹簧板,拨开电子控制器导线插头。拆下控制器固定螺母,将控制器拆下。

(3)安装顺序与拆卸相反,但要保证电线插头连接可靠。

3.2.7 液压调节器的拆卸与安装

(1)拆下蓄电池负极搭铁线。

(2)调节器拆卸时,拆下罩,拔出回油泵继电器和电控阀继电器,安装与拆卸的顺序相反。

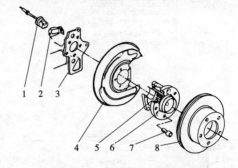

图9-14 后轮速传感器的拆装
1-轮速传感器;2-卡夹;3-后桥;4-挡板;5-转子;6-车轮轴承;7-螺栓;8-制动盘

(3)液压调节器拆卸时,拆下调节器体上搭铁导线。

(4)在每个制动油管上做标记,防止错位。将油管接头套上塑料管,防止灰尘进入油管。

(5)液压调节器不可以分解维修。

(6)安装顺序与拆卸相反。安装后应排除系统内的空气。

3.3 制动系统的放气

3.3.1 检查

一次踏下制动踏板,感觉无力;连续踏数次,制动踏板逐次升高;升高后踏不动,感到有弹力,就说明制动系统中渗有空气。

同时检查制动主缸制动液液面高度,不足时,要及时补充。在排除空气过程中,要不断地检查和补充,直到放气结束。

3.3.2 放气顺序

一般为先远后近、先上后下逐个进行。如:右后轮轮缸、左后轮轮缸、右前轮制动钳、左前轮制动钳。

具体操作程序:

(1)将透明软管一端连接制动轮缸上的放气孔,另一端插入容器。

(2)一人连续踏下制动踏板,直到踩不下去为止,并且保持不动。另一人旋松放气螺钉,空气随制动液流入容器。

若踏板踩到底,空气尚未放净时,应拧紧放气螺钉,放松踏板。然后进行第二次放气。直到制动液无气泡为止。

3.3.3 制动主缸放气

放气时,将放气管两端插入储液室制动液内,用推杆推动主缸活塞。将活塞推到底后,放松推杆,利用弹簧压力使活塞回位。反复几次,直到制动液无气泡为止。

3.3.4 ESP 液压泵排气

给 ESP 液压泵排气时,需至少 200kPa 的预压。因此应检查排气装置上的压力设定。这一步须使用故障阅读器。用故障阅读器接到自诊断接头上,来触发液压泵 10s,如图 9-15 所示。

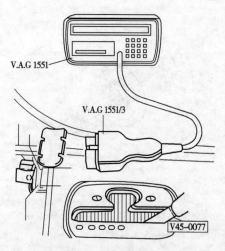

图 9-15 ESP 液压泵排气

3.4 制动液的选择

(1)要选择高级制动液,也就是合成制动液。

(2)注意观察制动液的液面高度,必须高于最低标志。制动摩擦片磨损后,由于间隙自动调整,液面会略有下降,属于正常。如果短时间液面下降过快,那么制动系统可能发生泄漏,应立即检修。

(3)储液罐中制动液液面过低,制动系统检查灯会发亮。

(4)制动液容易吸潮,使制动液中水分过多,造成制度系统的腐蚀损坏;还会使制动液的沸点显著降低。在制动器负荷大时,产生蒸气泡,影响制动效果和安全性。

(5)制动液必须每两年更换一次。

(6)为保证制动效果及行驶安全性,必须使用原厂规定的制动液。

(7)制动液有毒,必须存放在原装密封容器内,严防儿童接触。制动液对车身油漆有腐蚀作用。

(8)放出的旧制动液应遵守废物处理规定。

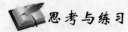 思考与练习

一、简答题

1. 如何更换鼓式制动器的制动蹄片?
2. 如何进行盘式制动器制动盘的检查?
3. ABS 轮速传感器检查时应满足什么要求?
4. 制动液为什么需要更换?
5. 简述奥迪 A6 ABS/ASR 的放气过程。
6. 车轮制动器检修时应注意什么?
7. ABS 维修时应注意什么?
8. 如何进行 ABS 高压检测?
9. ABS 液压单元更换时应注意什么?

二、选择题

1. 制动踏板自由行程应不超过( )mm。
   A. 15   B. 20   C. 10   D. 25
2. 制动液的更换周期一般为( )年。

A. 1　　　　　　　B. 2　　　　　　　C. 1.5　　　　　　　D. 3

3. 奥迪 A6 轿车驻车制动器的间隙为（　　）调节。

　　A. 自动　　　　　　B. 手动　　　　　　C. 不可

三、判断题（正确画√,错误画×）

1. 更换制动盘时,应两侧同时更换。　　　　　　　　　　　　　　　　　　　　　（　　）

2. 给 ESP 液压泵排气时,应检查排气装置上的压力设定,须使用故障阅读器。　（　　）

3. 轿车制动主缸一般不可分解,所以不能修理。　　　　　　　　　　　　　　　（　　）

附录一 丰田卡罗拉 1ZR-FE 发动机机械部分维修数据

V 形带偏移	新 V 形带	7.0~8.2mm
	旧 V 形带	7.6~10.0mm
V 形带张力	新 V 形带	700~800N
	旧 V 形带	550~750N
点火正时	DLC3 的端子 TC 和 CG 连接时	急速时 8°~12°BTDC
急速转速		600~700r/min
压缩	压缩压力	1373kPa
	最小压力	1079kPa
	各汽缸间的差异	98kPa
机油泵主动链轮	最小链轮直径(带链条)	48.2mm
机油泵主动轴链轮	最小链轮直径(带链条)	48.8mm
曲轴正时链轮	最小链轮直径(带链条)	51.1mm
链条张紧器导板	最大磨损量	1.0mm
链条振动阻尼器	最大磨损量	1.0mm
链条张紧器盖板	最大磨损量	1.0mm
汽缸盖固定螺栓	标准螺栓长度	146.8~148.2mm
	最大螺栓长度	149.2mm
汽缸盖固定螺栓	标准外径	9.77~9.96mm
	最小外径	9.4mm
环销(汽缸盖)	凸出部分	6.5~7.5mm
环销(曲轴箱)	凸出部分	3mm
1 号凸轮轴轴承	尺寸 A−B	0.7mm 或更小
2 号凸轮轴轴承	尺寸 A	1.05~1.75mm
凸轮轴壳	密封直径	3.5~4.0mm
链条总分成	最大链条伸长率	115.2mm
2 号链条总分成	最大链条伸长率	102.1mm
凸轮轴正时齿轮总成	最小齿轮或链轮直径(带链条)	96.8mm
排气凸轮轴正时齿轮总成	最小齿轮或链轮直径(带链条)	96.8mm
凸轮轴(进气)		
最大径向圆跳动		0.04mm
标准凸轮凸角高度		42.816~42.916mm
最大凸轮凸角高度		42.666mm

附录一　丰田卡罗拉1ZR-FE发动机机械部分维修数据

续上表

1号轴颈直径		34.449~34.465mm
其他轴颈直径		22.949~22.965mm
标准轴向间隙	进气	0.06~0.155mm
最大轴向间隙		0.17mm
标准油膜间隙	凸轮轴1号轴颈	0.03~0.063mm
	其他凸轮轴轴颈	0.035~0.072mm
1号凸轮轴轴颈最大油膜间隙		0.085mm
其他凸轮轴轴颈最大油膜间隙		0.09mm
2号凸轮轴(排气)		
最大径向圆跳动		0.04mm
标准凸轮凸角高度		44.336~44.436mm
最小凸轮凸角高度		44.186mm
1号轴颈直径		34.449~34.465mm
其他轴颈直径		22.949~22.965mm
标准轴向间隙	排气	0.06~0.155mm
最大轴向间隙		0.17mm
标准油膜间隙	凸轮轴1号轴颈	0.03~0.079mm
	其他凸轮轴轴颈	0.035~0.072mm
1号凸轮轴轴颈最大油膜间隙		0.085mm
其他凸轮轴轴颈最大油膜间隙		0.09mm
排气歧管	最大翘曲度	0.70mm
汽缸盖		
最大翘曲度	汽缸体侧	0.05mm
	进气歧管侧	0.10mm
	排气歧管侧	0.10mm
压缩弹簧	自由长度	53.36mm
	最大偏移量	1.0mm
进气门	标准总长	109.34mm
	最小总长	108.84mm
	气门杆直径	5.470~5.485mm
	标准边缘厚度	1.0mm
	最小边缘厚度	0.50mm
	气门座宽度	1.0~1.4mm
排气门	标准总长	108.25mm
	最小总长	107.75mm
	气门杆直径	5.465~5.480mm

续上表

排气门	标准边缘厚度	1.01mm
	最小边缘厚度	0.50mm
	气门座宽度	1.0~1.4mm
进气门导管衬套	衬套内径	5.510~5.530mm
	标准衬套油膜间隙	0.025~0.060mm
	最大衬套油膜间隙	0.080mm
衬套孔径	使用标准	10.285~10.306mm
	使用加大尺寸0.05mm	10.335~10.356mm
凸出部分高度(衬套)		9.9~10.3mm
标准油膜间隙		0.025~0.060mm
排气门导管衬套	衬套内径	5.510~5.530mm
	标准油膜间隙	0.030~0.065mm
	最大油膜间隙	0.085mm
衬套孔径	使用标准	10.285~10.306mm
	使用加大尺寸0.05mm	10.335~10.356mm
凸出部分高度		11.15~11.55mm
标准油膜间隙		0.030~0.065mm
凸出高度部分(环销)		6.5~7.5mm
气门座宽度		1.0~1.4mm
连 杆		
标准轴向间隙		0.160~0.342mm
最大轴向间隙		0.342mm
标准油膜间隙		0.030~0.062mm
最大油膜间隙		0.07mm
连杆轴承厚度	标记1	1.489~1.493mm
	标记2	1.494~1.497mm
	标记3	1.498~1.501mm
连杆小头孔径		20.012~20.021mm
连杆小头孔径(参考值)	标记A	20.012~20.015mm
	标记B	20.016~20.018mm
	标记C	20.019~20.021mm
连杆大头孔径	标记1	47.000~47.008mm
	标记2	47.009~47.016mm
	标记3	47.017~47.024mm
曲轴销直径	标记1	43.992~44.000mm
	标记2	43.992~44.000mm

附录一　丰田卡罗拉1ZR-FE发动机机械部分维修数据

续上表

曲轴销直径	标记3		43.992～44.000mm
每100mm连杆最大弯曲度			0.05mm
每100mm连杆最大扭曲度			0.15mm
汽缸体	最大翘曲度		0.05mm
	标准汽缸缸径		80.500～80.513mm
	最大汽缸缸径		80.633mm
	凸出高度部分(环销)		7.5～8.5mm
	凸出高度(直销)	销A	18.5～19.5mm
		销B	5.0～7.0mm
		销C	11～13mm
		销D	8.0～10.0mm
		销E	5.0～6.0mm
1号通风箱	密封胶		2.0mm
活　塞			
标准活塞直径			80.461～80.471mm
标准活塞油膜间隙			0.029～0.052mm
最大活塞油膜间隙			0.09mm
活塞销孔径			20.006～20.015mm
活塞销孔径(参考值)	标记A		20.006～20.009mm
	标记B		20.010～20.012mm
	标记C		20.013～20.015mm
活　塞　环			
环槽间隙	1号环		0.020～0.070mm
	2号环		0.020～0.060mm
	油环		0.020～0.065mm
标准端隙	1号环		0.2～0.3mm
	2号环		0.3～0.5mm
	油环		0.1～0.4mm
最大端隙	1号环		0.5mm
	2号环		0.7mm
	油环		0.7mm
活　塞　销			
活塞销直径			20.004～20.013mm
活塞销直径	标记A		20.004～20.007mm
	标记B		20.008～20.010mm
	标记C		20.011～20.013mm

续上表

标准油膜间隙		$-0.001 \sim 0.005$mm
最大油膜间隙		0.010mm
连杆螺栓	标准直径	$6.6 \sim 6.7$mm
	最小直径	6.4mm
曲 轴		
标准轴向间隙		$0.04 \sim 0.14$mm
最大轴向间隙		0.18mm
推力垫圈厚度		$2.43 \sim 2.48$mm
汽缸体主轴颈孔径(参考值)	标记0	$52.000 \sim 52.003$mm
	标记1	$52.003 \sim 52.005$mm
	标记2	$52.005 \sim 52.007$mm
	标记3	$52.007 \sim 52.010$mm
	标记4	$52.010 \sim 52.012$mm
	标记5	$52.012 \sim 52.014$mm
	标记6	$52.014 \sim 52.016$mm
主轴颈直径		$47.988 \sim 48.000$mm
最大锥度和变形程度		0.004mm
主轴颈直径(参考值)	标记0	$47.999 \sim 48.000$mm
	标记1	$47.997 \sim 47.998$mm
	标记2	$47.995 \sim 47.996$mm
	标记3	$47.993 \sim 47.994$mm
	标记4	$47.991 \sim 47.994$mm
	标记5	$47.988 \sim 47.990$mm
标准主轴承中心壁厚(参考值)	标记1	$1.994 \sim 1.997$mm
	标记2	$1.998 \sim 2.000$mm
	标记3	$2.001 \sim 2.003$mm
	标记4	$2.004 \sim 2.006$mm
最大径向圆跳动		0.03mm
标准油膜间隙		$0.016 \sim 0.039$mm
最大油膜间隙		0.050mm
曲柄销直径		$43.992 \sim 44.000$mm
最大锥度和变形程度		0.004mm
曲轴轴承盖固定螺栓	标准直径	$84.3 \sim 85.7$mm
	最小直径	86.7mm
曲轴轴承	尺寸 A	$0.5 \sim 1.0$mm
	尺寸 $A-B$	0.7mm 或更小

附录二 上海大众朗逸发动机机械部分维修数据

压缩	压缩压力	1.5~1.7MPa
	最小压力	750kPa
	各汽缸间的差异	300kPa
凸轮轴最大轴向间隙		0.15mm
凸轮轴轴颈最大油膜间隙		0.1mm
汽缸盖厚度		132.6mm
进气门	标准总长	91.85mm
	气门杆直径	6.90~6.94mm
	气门头部直径	39.35~39.65mm
	气门锥角	45°
	气门座上修正角	30°
	气门座宽度	1.8~2.2mm
排气门	标准总长	91.15mm
	气门杆直径	6.90~6.94mm
	气门头部直径	32.75~33.05mm
	气门锥角	45°
	气门座上修正角	30°
	气门座宽度	2.2~2.6mm
连 杆		
标准轴向间隙		0.10~0.35mm
最大轴向间隙		0.4mm
标准油膜间隙		0.010~0.05mm
最大油膜间隙		0.09mm
连杆轴承轴颈直径	公称尺寸	47.758~47.778mm
	第一次维修	47.508~47.528mm
	第二次维修	47.258~47.278mm
	第三次维修	47.008~47.028mm
汽 缸 体		
标准汽缸缸径	最大偏差0.08mm	82.510mm
第一次维修		83.010mm
活 塞		
标准活塞直径	最大偏差0.04mm	82.465mm

续上表

第一次维修		82.965mm
活 塞 环		
环槽间隙	气环	0.060~0.090mm
	油环	0.030~0.060mm
最大环槽间隙	气环	0.2mm
	油环	0.15mm
标准端隙	气环	0.2~0.4mm
	油环	0.25~0.5mm
	开口错开	120°
最大端隙	气环	0.8mm
	油环	0.8mm
曲 轴		
标准轴向间隙		0.07~0.23mm
最大轴向间隙		0.3mm
主轴颈直径	公称尺寸	53.963~53.983mm
	第一次维修	53.713~53.734mm
	第二次维修	53.463~53.485mm
	第三次维修	53.213~53.236mm
标准油膜间隙		0.01~0.04mm
最大油膜间隙		0.150mm
曲轴上轴承	缸体上的字母 S	轴承的颜色 黑色
	缸体上的字母 R	轴承的颜色 红色
	缸体上的字母 G	轴承的颜色 黄色

参考文献

[1] 黄文伟,贺萍.汽车维修实训[M].北京:清华大学出版社,2003.
[2] 刘振楼.汽车行驶与安全系统维修专门化[M].北京:人民交通出版社,2003.
[3] 张吉国.日本系列轿车维修技能[M].北京:中国劳动社会保障出版社,2002.
[4] 张克明.美国系列轿车维修技能[M].北京:中国劳动社会保障出版社,2002.
[5] 程勉宏.德国系列轿车维修技能[M].北京:中国劳动社会保障出版社,2002.
[6] 戴冠军.汽车维修工程[M].北京:人民交通出版社,2003.
[7] 席金波,贾青.一汽奥迪A6轿车维修手册[M].沈阳:辽宁科学技术出版社,2002.
[8] 天天汽车工作室.轿车底盘维修技能实训[M].北京:机械工业出版社,2004.
[9] 陈文华.汽车发动机构造与维修[M].北京:人民交通出版社,2003.
[10] 汤定国.汽车发动机构造与维修[M].北京:人民交通出版社,2002.
[11] 陈峰.东风雪铁龙毕加索轿车结构与维修[M].北京:人民交通出版社,2002.
[12] 唐艺.新编汽车修理工艺[M].北京:机械工业出版社,1998.
[13] 曹德芳.汽车维修[M].北京:人民交通出版社,1997.
[14] 刘志忠.汽车发动机机械系统检修[M].北京:清华大学出版社,2012.
[15] 丰田汽车公司.汽车维修教程第二级(中)汽车动力总成维修[M].北京:高等教育出版社,2006.

人民交通出版社汽车类中职教材部分书目

一、全国交通运输职业教育教学指导委员会规划教材 教育部中等职业教育汽车专业技能课教材

书 号	书 名	作 者	定 价	出版时间	课件
978-7-114-12216-3	汽车文化	李 青、刘新江	38.00	2017.03	有
978-7-114-12517-1	汽车定期维护	陆松波	39.00	2017.03	有
978-7-114-12170-8	汽车机械基础	何向东	37.00	2017.03	有
978-7-114-12648-2	汽车电工电子基础	陈文均	36.00	2017.03	有
978-7-114-12241-5	汽车发动机机械维修	杨建良	25.00	2017.03	有
978-7-114-12383-2	汽车传动系统维修	曾 丹	22.00	2017.03	有
978-7-114-12369-6	汽车悬架、转向与制动系统维修	郭碧宝	31.00	2017.03	有
978-7-114-12371-9	汽车发动机电器与控制系统检修	姚秀驰	33.00	2017.03	有
978-7-114-12314-6	汽车车身电气设备检修	占百春	22.00	2017.03	有
978-7-114-12467-9	汽车发动机及底盘常见故障的诊断与排除	杨永先	25.00	2017.03	有
978-7-114-12428-0	汽车自动变速器维修	王 健	23.00	2017.03	有
978-7-114-12225-5	汽车网络控制系统检修	毛叔平	29.00	2017.03	有
978-7-114-12193-7	新能源汽车结构与检修	陈社会	38.00	2017.03	有
978-7-114-12209-5	汽车检测与诊断技术	蒋红梅、吴国强	26.00	2017.03	有
978-7-114-12565-2	汽车检测设备的使用与维护	刘宣传、梁 钢	27.00	2017.03	有
978-7-114-12374-0	汽车维修接待实务	王彦峰	30.00	2017.06	有
978-7-114-12392-4	汽车保险与理赔	荆叶平	32.00	2017.06	有
978-7-114-12177-7	汽车维修基础	杨承明	26.00	2017.03	有
978-7-114-12538-6	汽车商务礼仪	赵 颖	32.00	2017.06	有
978-7-114-12442-6	汽车销售流程	李雪婷	30.00	2017.06	有
978-7-114-12488-4	汽车配件基础知识	杨二杰	20.00	2017.03	有
978-7-114-12546-1	汽车配件管理	吕 琪	33.00	2017.03	有
978-7-114-12539-3	客户关系管理	喻 媛	30.00	2017.06	有
978-7-114-12446-4	汽车电子商务	李 晶	30.00	2017.03	有
978-7-114-13054-0	汽车使用与维护	李春生	28.00	2017.04	有
978-7-114-12382-5	机械识图	林治平	24.00	2017.03	有
978-7-114-12804-2	汽车车身电气系统拆装	张 炜	35.00	2017.03	有
978-7-114-12190-6	汽车材料	陈 虹	29.00	2017.03	有
978-7-114-12466-2	汽车钣金工艺	林育彬	37.00	2017.03	有
978-7-114-12286-6	汽车车身与附属设备	胡建富、马 涛	22.00	2017.03	有
978-7-114-12315-3	汽车美容	赵俊山	20.00	2017.03	有
978-7-114-12144-9	汽车构造	齐忠志	39.00	2017.03	有
978-7-114-12262-0	汽车涂装基础	易建红	30.00	2017.04	有
978-7-114-13290-2	汽车美容与装潢经营	邵伟军	28.00	2017.04	有

二、中等职业教育国家规划教材

书 号	书 名	作 者	定 价	出版时间	课件
978-7-114-12992-6	机械基础(少学时)(第二版)	刘新江、袁 亮	34.00	2016.06	有
978-7-114-12872-1	汽车电控发动机构造与维修(第三版)	王 囤	32.00	2016.06	有
978-7-114-12902-5	汽车发动机构造与维修(第三版)	张 嫣、苏 畅	35.00	2016.05	有
978-7-114-12812-7	汽车底盘构造与维修(第三版)	王家青、孟华霞、陆志琴	39.00	2016.04	有
978-7-114-12903-2	汽车电气设备构造与维修(第三版)	周建平	43.00	2016.05	有
978-7-114-12820-2	汽车自动变速器构造与维修(第三版)	周志伟、韩彦明、顾雯斌	29.00	2016.04	有
978-7-114-12845-5	汽车使用性能与检测(第三版)	杨益明、郭 彬	25.00	2016.04	有
978-7-114-12684-0	汽车材料(第三版)	周 燕	31.00	2016.01	有

咨询电话：010-85285962；010-85285977. 咨询QQ：616507284；99735898